LIVRE

DES

COMMISSIONNAIRES ET EXPORTATEURS

en marchandises

DE LA PLACE DE PARIS.

PLACEMENT GRATIS

DES

Commis de commission et Courtiers en marchandises.

Les rapports que l'administration du *Guide* a constamment avec MM. les **COMMISSIONNAIRES** et **FABRICANTS**, font de notre Bureau le centre de communications le plus convenable entre les **PATRONS**, les **COMMIS** et les **COURTIERS**.

L'administration inscrit **GRATIS** les demandes d'employés ou de places et en donne communication sans aucune **RÉTRIBUTION**.

Les **PATRONS** peuvent adresser leurs demandes par *lettres affranchies*.

Nota. Le placement n'a lieu spécialement et uniquement que pour ces deux emplois ; il faut que les COMMIS ou COURTIERS aient déjà été lacés pour être inscrits.

AVIS.

Nous informons dès à présent les personnes qui ont besoin journellement de l'adresse exacte des **COMMISSIONNAIRES**, que l'administration du **GUIDE DE L'ACHETEUR EN GROS** a pris ses mesures pour publier en Janvier de chaque année une édition nouvelle de ce livre.

Les mutations nombreuses dans les noms, les changements de domiciles et les maisons nouvelles, rendent utile la publication annuelle d'un recencement exact.

Le livre des **COMMISSIONNAIRES** est donné **GRATIS** aux personnes abonnés, pour un an, au **GUIDE DE L'ACHETEUR.**

Le directeur du Guide de l'Acheteur ,

LIVRE

DES

COMMISSIONNAIRES

ET

EXPORTATEURS

en marchandises

DE LA PLACE DE PARIS,

CLASSÉ :

1° par ordre alphabétique ;
2° par spécialité ;
3° par rue.

Publié et recensé cette année avec le plus grand soin,
Par la Compagnie.

LE GUIDE DE L'ACHETEUR EN GROS,

Bureau, rue du Vert-Bois, 16 bis.

1847.

AVIS AUX FABRICANTS.

GUIDE DE L'ACHETEUR EN GROS,
Distribué Gratis.

Il est de la plus haute importance pour les FABRICANTS DE PARIS d'avoir avec les NEGOCIANTS, les EXPORTATEURS et les COMMISSIONNAIRES, un mode de se faire connaître tous les jours et à tous ; cela est indispensable à une époque où la rapidité des chemins de fer rend les rapports si fréquents.

L'ACHETEUR a besoin d'être immédiatement renseigné, afin que, dans un voyage ou dans un autre, il sache directement où trouver ce dont il a besoin. **LE GUIDE** de **L'ACHETEUR EN GROS** est un livre de poche, contenant toutes les professions, classées par ordre alphabétique ; ce livre est envoyé **GRATIS** tous les matins aux ACHETEURS de province ou de l'étranger, descendus dans les hôtels, une fois par trimestre à tous les COMMISSIONNAIRES de la place de Paris.

La distribution est garantie à 24,000 exemplaires par an, publiés sous la surveillance d'un Conseil de Patronage, composé de Fabricants abonnés.

Une insertion au *Guide* remplace 24,000 cartes-adresses, coûtant au moins 3 francs 50 centimes le mille, ce qui ferait 84 francs, sans compter le port ; tandis que pour 5 centimes par jour, on peut fait savoir à plus de 24,000 acheteurs par an, son nom, sa profession et son adresse, et donner déjà des détails sur la spécialité de ses produits.

Il est à remarquer que cette publication ne produit que des ventes en gros, et tend à augmenter les clientèles de nos abonnés ; un seul CLIENT nouveau couvre bien au delà les frais d'une longue annonce.

CONDITIONS DE L'INSERTION AU GUIDE.

On n'insère que les FABRICANTS.

Une édition nouvelle le 1er et le 15 de chaque mois.

1 centime la ligne par jour. — 25 lettres à la ligne.

On n'abonne pas à moins de 6 mois et pas à moins de 5 lignes.

On ne doit rien payer qu'après l'insertion faite et sur l'acquit du DIRECTEUR.

Le livre des COMMISSIONNAIRES est donné GRATIS aux personnes abonnées pour un an.

BUREAUX : RUE DU VERT-BOIS, 16 BIS.

Paris.—Imprimerie Dondey-Dupré, rueSaint-Louis, 46, au Marais.

NOMS

DES

COMMISSIONNAIRES ET EXPORTATEURS DE PARIS

PAR ORDRE ALPHABÉTIQUE.

A

Aaron, art. de Paris, r. Saint-Roch-Poissonnière, 4.

Abbadie et comp., draperie, r. des Mavaises Paroles, 18.

Adour (J.-P.) et comp., achats p. les Amériques du sud, r. des Petites-Écuries, 39 bis.

Advenel et Simon, meubles, r. d'Orléans, 5, au Marais.

Ahrenfeldt, art. de Paris, Faubourg Saint-Denis, 99.

Aimée Henry, modes, r. Basse du Rempart, 18.

Alazard (P.), bijouterie, r. Vendôme, 10.

Albert, art. de Paris, r. Mulhouse, 13.

Albitès (Aug.), plumes métalliques, r. d'Anjou, 8, au Marais.

Albrecht (Robert), art. divers, r. de l'Échiquier, 36.

Alexandre-Louis, cachemires, r. des Fossés-Montmartre, 1.

Almosnino (M.), art. divers, r. Thévenot, 15 bis.

Allamand et Hersent, art. de Paris, r. Thévenot, 24.

Allain et comp., art. de Paris, r. d'Enghien, 32.

Allain Niquet (J.), cuirs, r. Mauconseil , 30 et 32.

Allais, épicerie, r. de l'Homme Armé, 3.

Allen Hazen et comp., art. de Paris, r. Hauteville, 35.

Amourous (J.), art. de Paris, r. Sainte-Appol ine, 7.

Amy frères, art. de Paris, r. de la Corderie du Temple, 21.

André aîné, denrées coloniales, r. des Lombards, 7.

André (P.-F.), art. de Paris, r. des Fossés-du-Temple, 30.

Andrillas et Angelar, cuirs, r. Mauconseil , 31.

Ané fils, art. Paris, r. Portefoin, 17.

Angremy frères, tissus de laine, r. de Cléry, 9.

Anrès. Taperin et Creton, art. de Paris, r. de Cléry, 9.

Ansley (F), aiguilles, r. du Temple, 36.

Arnstein (H.), art. de Paris, r. Montholon, 24.

Archinard-Bovy (L.), art. de Paris, r. Ste-Apolline, 9.

Arlès Dufour (F.), nouveautés, r. du Sentier, 15.

Arlot aîné, laines, r. des Petites-Écuries, 21.

Arnauld aîné, filature de caoutchouc, r. des Marais-du-Temple, 74.

Arnoux (F.), draperie, r. Mandar, 14.

Arroux, art. de Paris, r. des Tournelles, 52.

Asselineau (J.), droguerie, r. St-Antoine, 54.

Atrange (C.-B.) et frères, fleurs, r. d'Enghien, 24.

Aubert (Alex.), droguerie, r. Ste-Croix de la Bretonnerie, 28.

Aubert et comp., art. de Paris, r. Pavée, 24, au Marais.

Aubry (Ch.), art. divers, r. de l'Échiquier, 44.

Aubry (E.), épicerie, r. Neuve-St-Méry, 41.

Aubert (Ed.), quincaillerie, r. des Enfants Rouges, 9.

Aubry-Dile-Roup, librairie, r. de l'Éperon, 9.

Aucler (A.), quincaillerie, r. Bourg-l'Abbé, 21.

Audoin (L.), art. de Paris, r. de l'Aiguillerie, 6.

Audon aîné, grains, r. Grange-Batelière, 13.

Auger et comp., armes. r. d'Enghien, 17.

Augu (Alex.), art. d'Allemagne, pipes, ambre, r. Neuve-Bourg-l'Abbé, 4.

Auzolle jeune et Chatelain, art. divers, r. St-Louis, 16, au Marais.

Avelin (Ed.), art. de bureau, r. Barbette, 8.

Avrial frères, art. de Paris, r. Bergère, 7.

B

Barbedienne, papiers peints, boulev. Poissonnière, 30.

Baboneau (Aug.), art. p. l'Inde, boulevard Bonne-Nouvelle, 10.

Bachardon, art. divers, r. Hauteville, 47.

Bachelet (J.), meubles, place Royale, 18.

Bacon et Angot, mercerie, r. St-Denis, 80.

Bacot (Paul), père et fils, draperie, r. Neuve-St-Augustin, 8.

Badeuil, matière première pour la chapellerie, r. Vieille du Temple, 7.

Badin (A.), laines, r. Martel, 16.

Bapaume (A.), mercerie, r. St-Denis, 123.

Bailly aîné, chapeaux refaits, r. Simon-le-Franc, 25.

Barbey (Théodore), négociant et consignataire de navires, r. Notre-Dame-des-Victoires, 40.

Barbier-Boucher, toiles d'emballages, r. Thibautodé, 7 et 9.

Baron-Vassel et comp., art. de Paris, r. Notre-Dame de Nazareth, 9.

Barré sœurs, parfumerie, r. St-Sébastien, 34.

Barry aîné, quincaillerie, r. de Bondy, 38.

Baschet-Baullier et frères, pendules, r. Vendôme, 9.

Basquin Aries et Sempé, exportation, r. d'Enghien, 17.

Bassoulet (J.), art, divers, r. du Petit Carreau, 30.

Bastian (F.), export. p. la Russie, r. Montholon, 24.

Bateman (W.), soieries et art. d'Angleterre, r. St-Roch-Poissonnière, 8.

Batereau père et fils, meubles, damas, mouchoirs, r. du Sentier, 18.

Bauche (L.), soierie, r. Thévenot, 8.

Baucoirand, laines, boulev. Bonne-Nouvelle, 28.

Bautte, horlogerie, r. Croix des Petits-Champs, 42.

Bauval, art. divers, r. St-Joseph, 10.

Bavozet, bronze, r. St-Étienne Bonne-Nouvelle, 15.

Bayeux (A.), maison Deneux, art. de bâtiments, r. de la Harpe, 36.

Beaumont, teinture, r. Bourtibourg, 21.

Beaupillier fils, draperies et étoffes de laine, r. Thibaudoté, 14.

Bechevet, jouets d'enfants, art. de Paris, r. Grenier St-Lazarre, 7.

Becker et Grousselle, art. de Paris, r. Portefoin, 15.

Bédassier père et fils et Barbe, droguerie, r. d'Orléans, 7, au Marais.

Bégasen, quincaillerie, r. Quincampoix, 30.

Beglet et comp., draperie, r. Vivienne, 10.

Belingard jeune, art. de Paris, r. Thévenot, 8.

Bellemois (Das.), art. de Paris, r. Bourbon-Villeneuve, 7.

Bellet (A.) et Canonville (Th.), art. divers d'exportation, r. Grange-Batellière, 18.

Benier, bonneterie, r. St-Martin, 32.

Berens Blumberg et comp., art. de Paris, r. de Bondy, 60.

Berger, peausserie, r. Nve-St-François, 12.

Bernard, nouveautés, r. Hauteville, 61.

Bernard (C.), art. de Paris, r. de Bondy, 16.

Bernard jeune, châles, r. du Sentier, 3.

Bernier (Ch.), laines, r. Martel, 8.

Bernus (J.-Aug.), art. d'exportation, r. St-Fiacre, 1.

Bernier Pinchon et René, bonneterie, r. des Bourdonnais, 8.

Berrurier (Ed.), nouveautés, r. Croix des Petits-Champs, 29.

Berry, art. de Paris, boulev. Poissonnière, 24.

Bert (Louis), modes, faubourg Poissonnière, 3 bis.

Bertin et Albaret fils, art. de Paris, r. Bourbon-Villeneuve, 37.

Bertrand (A.), art. de Paris, r. Mazagran, 9.

Besuchet (L.) et comp., art. divers, r. St-Fiacre, 20.

Beuscher, art. de Paris, r. Notre-Dame de Nazareth, 12.

Bigarel, aîné, art. de Paris, r. Mauconseil, 20.

Bigot, art. de Saint-Quentin, r. du Sentier, 3.

Billard (A.), art. de Paris, r. du Faubourg-Poissonnière, 32.

Billard, nouveautés pour l'Angleterre, r. St-Fiacre, 5.

Billet, comestibles, r. St-Honoré, 129.

Bing frère et comp., porcelaines, r. des Petites-Écuries, 47.

Bing jeune et comp., art. de Paris, r. Portefoin, 6.

Bisson, fil de lin, r. Thévenot, 5.

Bizet, quincaillerie, r. St-Denis, 142.

Blanc (Jh.), produits chimiques, r. des Singes, 1 bis.

Blanc (Mathieu), cuirs, Mauconseil, 21.

Blanchet, bonneterie, r. des Mauvaises Paroles, 14.

Blanchet et Nouette-Delorme, papier, r. Coquillère, 12 bis.

Blanquet (F.-X.), commiss. p. l'Espagne, r. Neuve-St-Nicolas, 12.

Blay (Ach.), laines et coton, r. Lafayette, 9.

Blazi et Tournier, ferronnerie de toute espèce, r. Quincampoix, 19.

Blée et Toupin, épiceries, r. du Four-St-Honoré, 25.

Blève, cuivre estampé, r. de Bondy, 48.

Block (D. G.) et comp., art. de Paris, r. de Bondy, 50.

Bodoy, chapellerie, boulev. Poissonnière, 8.

Bodoy et Couttenier, chapellerie, r. Vendôme, 11 ter.

Boensch (P.), art. de Paris, r. Bleue, 17.

Boichard, papiers en gros, quai des Augustins, 47.

Boiduval-Houssoi, broderie, r. des Jeûneurs, 11.

Boisgaultier frères (H.) et comp., art. de Paris, r. des Petites-Écuries, 8.

Boissaye-Francœur et comp., calicot, r. du Gros-Chenet, 4.

Bollard aîné, laines et crins, r. du Petit-Carreau, 5.

Bolviller (M.), horlogerie, r. de Bondy, 30.

Bongrand et Jacquet, vente de brevets, r. des Petites-Écuries, 8.

Bonneau (A.), meubles, r. St-Antoine, 159.

Bonnevie jeune, tissus de laine, r. du Petit-Carreau, 7 et 13.

Bonvallet (Vᵉ et fils frères), art. de Paris, r. St-Louis, 29, au Marais.

Bouvard, chapellerie, r. de Paradis, 10, au Marais.

Bordes (A.) jeune, jouets et art. de Paris, r. du Grand-Chantier, 8.

Bordes (Victor) aîné, art. de Paris, r. de Braque, 2.

Borely (Vᵉ) aîné et Megessier, joaillerie et bijouterie, r. Vivienne, 12.

Borne, art. de Paris, r. Ste-Croix de la Bretonnerie, 40.

Borrani (Charles), libraire, r. des Sts-Pères, 7.

Bossi, art. de Paris, r. des Jeûneurs, 8.

Botella, art. de Paris, r. Basse-du-Rempart, 38.

Bouchet frères, art. de Paris, r. du Temple, 63.

Bouchot et Nève, art. de Paris, fabricant de passementerie, r. St-Honoré, 71.

Boucoirand (H.), et comp., tissus de laine, r. St-Joseph, 10.

Boué, nouveautés, r. Notre-Dame des Victoires, 23.

Bouffard-Bimont, art. de Paris, r. Poissonnière, 20.

Bouge (Th.), art. d'exportation, r. Vieille-du-Temple, 124.

Bougleux (A.) et comp., art. de Paris, r. Neuve-St-Augustin, 18.

Boulanger (Ch.) et comp., art. de Paris, r. Hauteville, 52.

Boulard, art. divers, r. St-Martin, 257.

Boulonneix, chapellerie, r. Simon-le-Franc, 20.

Bourgade, commiss., r. J.-J.-Rousseau, 17.

Bourgoin fils (F. P.), art. de Paris, r. J.-J.-Rousseau, 20.

Boursier, horlogerie, r. des Vieux-Augustins, 40.

Bousson, art. divers, r. St-Martin, 87.

Bouteloup (J. C.), vins, r. des Saitns-Pères, 71.

Bouyer, art. de Paris, r. Neuve-St-Eustache, 17.

Bouyonnet, mercerie, r. St-Denis, 102.

Boyenval et comp., cuirs, r. Française, 8.

Boyer (E.), art. de Paris, r. Notre-Dame de Nazareth, 9.

Brailley et comp., laines et cotons filés, r. St-Denis, 118.

Brandes, art. divers, r. des Fossés-Montmartre, 6.

Brassac, étoffes, nouveautés, r. Thibautodé, 20.

Brault (Ch.), bronze, r. Meslay, 27.

Brebam (A.), art. de Paris, r. du Croissant, 10.

Brelay frères, art. divers, r. des Jeûneurs, 9 bis.

Bretocq (A.) et comp., art. de Paris, cité Trévise, 20.

Bricka, laines, r. Paradis-Poissonnière, 32.

Brière (J.), art. de Paris, r. du Petit-Lion-St-Sauveur, 13.

Brière, Pelletier et Michaud, étoffes, r. St-Martin, 151.

Brisset (B.), art. divers, r. St-Joseph, 3.

Brochery, art. divers, r. de l'Échiquier, 23.

Broleman et comp., Gubiant, représentant, art. de Paris, boulev. Bonne-Nouvelle, 28.

Broullet, jouets d'enfants, r. St-Denis, 116.

Brousse (J. B.), crêpes de Chine et châles de l'Inde, r. Richelieu, 84.

Bruel, art. divers, r. du Faubourg-St-Martin, 99.

Brun (J.), Larosière et Court, fleurs artific. r. du Faubourg-St-Martin, 64.

Brunel (P.), quincaillerie, r. du Renard-St-Sauveur, 8.

Brunet (J.) et comp., meubles, r. des Fossés-du-Temple, 6.

Brunnarius (C. R.), art. de Paris, r. Vendôme, 9.

Bruyer, papeterie, r. St-Martin, 259.

Bucaille (Léon), art. de Paris, r. d'Enghin, 6.

Budin aîné et comp., quincaillerie, r. Pastourelle, 5.

Bugnot, étoffes, r. du Sentier, 3.

Buhot, Bouland et comp., art. de Paris pour New-York, r. Neuve-Ménilmontant, 2.

Burghet, quincaill. r. Charlot, 4, au Marais.

Burlat, soies en bottes, r. d'Enghein, 13.

Burlot, papeterie, r. Bourbon-Villeneuve, 35.
Bury (C.), bijouterie, r. Richelieu, 92.
Busquet (A.) et comp., art. divers, r. St-
Joseph, 10.

C

Cabrié jeune, art. divers, r. Neuve Saint-
Nicolas, 24.
Cailteaux, bijouterie, r. Meslay, 26.
Calon, tis. de laine, r. des Petites-Écuries,12.
Cambronne frères, de St-Quentin, tissus de
laine, r. du Sentier, 22.
Camus (Ch.), produits chimiques, r. Ven-
dôme, 12.
Candy (C.) et Cᵉ, châles, r. Hauteville, 7.
Canela, fils aîné, tissus, r. Bergère, 7 ter.
Capel, horlogerie, pl. Dauphine, 24.
Capon et Trebutien, droguerie, r. de la Tixé-
randerie, 49.
Cappe (Victor), droguerie, r. des Quatre-
Fils, 20.
Carez (L.) et Vacossin, art. divers, exporta-
tion, r. de Valois Palais-Royal, 8.
Carlhian, colles et gélatine, r. des Blancs-
Manteaux, 13.
Carlier (A.), mousseline de laine, r. Mont-
martre, 73.
Caron-Langlois fils, tissus de laines, r. des
Petites-Ecuries, 15.
Caron-Marlio et comp., art. de Tarare, r. de
Cléry, 9.
Carré et Barrande, cuirs vernis, r. des Cinq-
Diamants, 11.
Carsenac (H.), calicots et meubles, r. des
Jeûneurs, 12.
Cartier fils, plumes, fleurs, r. Louis-le-
Grand, 30.

Carton jeune, mercerie, r. Saint-Denis, 151
Cary, alcools, r. Paradis au Marais, 9.
Cauchy, art. divers, r. Rambuteau, 62.
Caulle (P.), art. d'exportation, r. Saint-Sé-
    bastien, 50.
Cavillon, pharmacie, r. Quincampoix, 48.
Cerf et Michel, cachemires, boulevard Mont-
    martre, 12.
Cesbron neveu et Robert, art. d'Alsace, Ta-
    rare, r. du Sentier, 24.
Chabrol et Berry, coutellerie, r. Bourg-
    l'Abbé, 20.
Chabrol, bijouterie, r. Meslay, 3.
Chaillot, abonn. musical, r. St-Honoré, 352.
Challamel, papeterie et art. de Paris, r. de la
    Harpe, 13.
Chambaud neveu et C°, bonneterie, r. des
    Bourdonnais, 17.
Chambon (Ach.) et C°, art. de Paris et d'Es-
    pagne, r. Hauteville, 51.
Chamerlat fils, agent de fab. françaises et
    étrangères, r. d'Enghien, 5 bis.
Chammartin (E.), fournitures de bureau, r.
    Rambuteau, 24.
Champion (Th.), papier en gr., r. du Mail, 29.
Chanvin, spécialité pour les confiseurs, r. des
    Francs-Bourgeois, 14.
Chapuis (Edouard), art. divers, faub. Saint-
    Denis, 82.
Charenton, denrées coloniales, r. Samson, 3.
Charles (J.) et Douchement, vins, r. Saint-
    Denis, 309.
Chartier fils jeune, laines, r. des Petites-Écu-
    ries, 19 bis.
Chartier fils jeune, peausserie, r. du Cloître
    Saint-Jacques, 8.

Chartron, quincaill., r. St-Martin, 194.

Chatel jeune, art. de Paris, r. des Trois-Pavillons, 18.

Chatelain (L.), art. de l'Aigle, r. Mauconseil, 14.

Chavagnat (E.), art. de Paris, boulevard
Bonne-Nouvelle, 25.

Chenieux et Daliveau, mercerie, r. St-Denis,
136.

Chéron, draperie, nouveauté, r. des Vieux-
Augustins, 37.

Chéron fils frères et Cᵉ, art. de Paris, r. Bergère, 21.

Chevalier (F.), art. de Paris, r. des Francs-
Bourgeois, 25.

Chevalier-Gavel, quincaill., r. St-Martin, 221.

Chevré aîné, fournit. de bureaux, r. Charlot, 19.

Chippron (J. G.), art. de Paris, r. de Lancry, 6.

Choron (Jean), quincaillerie, faub. Saint-
Antoine, 89.

Christin frères, peausserie, r. Française, 7.

Clary, libraire, r. du Battoir St-André, 12.

Claude (H. A.), art. divers, r. Samson, 5.

Clément (A.), art. de Paris, r. du Caire, 28.

Clouet-Violet et Cᵉ, étoffes et rubans de soie,
r. Richelieu, 76.

Collet, fab. de mesures pour tailleurs, r. St-
Martin, 257.

Colliard (Félix), art. de Paris, r. de l'Echiquier, 36.

Collombel, éponges, r. Mauconseil, 12.

Collot (H.), quincaill., r. St-Martin, 223.

Colvill et Fleming, art. de Paris, r. Neuve
Saint-Nicolas, 24.

Combaluzier, art. divers, r. des Jeûneurs, 6.

Conrad et Waldmann, droguerie, r. Vieille du Temple, 32.

Constant, jouets et art. de Paris, r. Charlot, 35.

Convert et Berton, tabletterie, r. Mondétour, 35.

Cor (A.), sucre et café, r. de la Sourdière, 29.

Corblet aîné, anc. maison Warmé (F.), meubles, art. de Paris, r. du Temple, 117.

Corcellet, denrées coloniales, vins, galerie Valois Palais-Royal, 103 et 104.

Corneillan frères, cuirs, r. Mauconseil, 17.

Cornet et Sabot, quincaill., r. Sainte-Apolline, 13.

Cornilleau (Ernest), art. de Paris, r. Montmorency, 1.

Cornu, passementerie, r. du Temple, 57.

Corpet, cotons filés, r. Saint-Denis, 367.

Correia (J. L.), art. de Paris, r. Trévise, 11.

Corriol (A. F.), art. divers, r. du Gindre, 5.

Cosson-Duquesne, bijoux, r. d'Anjou au Marais, 8.

Costard, bijouterie, r. Notre-Dame de Nazareth, 26.

Couriot, Gallet et Lefebvre, art. de Paris, r. de la Vieille-Monnaie, 22.

Courvoisier, armes et quincaill., r. Culture Sainte-Catherine, 12.

Coville (T.), mercerie, r. Saint-Denis, 210.

Crémière-Large, broderies, r. de Cléry, 9.

Crépelle, boutons d'uniforme, r. des Vieilles-Etuves St-Martin, 4.

Creuse frères, mercerie, r. St-Denis, 138.

Crignon, chaussures, r. Beaurepaire, 13.

Croizat (J.-M.), art. de Paris, r. Meslay, 42.

Crombac jeune, nouveautés, r. Neuve Saint-Eustache, 30.

Crouan, art. pour le Brésil, r. Saintonge, 40.

Cruet (A.) et Lundquist, art. de Paris, quai Jemmapes, 110.

Cusinberche fils, art. de Paris, r. Barbette, 6.

Cuthbert fils et Andeval, articles de bureaux, r. Saint-Denis, 217.

Cuvellier (C.), art. div., quai Jemmapes, 154.

D

Daclin, épicerie, r. de Paradis au Marais, 8.

Dageon, quincaill., place Royale, 9.

Daigremont, toiles vernies, r. du Sentier, 15.

Daireaux (F.) et Ce, art. de Paris, passage Violet, 4.

Dalsace (S.), brosserie, r. Montmorency, 3.

Daniel et Ce, tresse et chaussons, r. Saint-Denis, 148.

Daran, instruments de chirurgie, r. Gît-le-Cœur, 4.

Dardespine (A.) frères, armes, r. d'Enghien, 18.

Darras, quincaill., r. Saint-Denis, 314.

Dastis et fils, draperie, r. des Mauvaises-Paroles, 20.

Dauchel jeune, tissus, r. de Cléry, 16.

Daudré, tissus, r. Bertin-Poirée, 13.

Daudré (F. Ch.), art. pour l'exportation, r. Montmarire, 169.

David (Ernest) et Ce, pipes, r. Neuve Bourg-l'Abbé, 11.

David et Senturel, produits chimiques, r. Ste-Avoye, 8.

Davoust aîné, mercerie, r. St-Denis, 134.

Davril jeune et Ce, chapeaux de paille et fleurs, r. Meslay, 37.

Davy-Malmenade, papeterie, r. Saint-André des Arts, 30.

De Baecque (Th.) et Ce, nég. commiss., r. des Jeûneurs, 14.

Debbeld et Fischer, art. d'Allemagne, r. de l'Echiquier, 34.

Debonnelle, cire, miel, r. de la Verrerie, 83.

Decle aîné et Ce, mousseline-laine, r. Neuve Saint-Eustache, 7.

Declermont et Ce, art. de chapellerie, r. Barbette, 9.

Deconchy, marbres, faub. Saint-Martin, 126.

Deharambure, art. de Paris, r. St-Denis, 166.

Dejardin (J.) et Desèvre (A.), art. divers pour Haïti, r. du Sentier, 18.

Delabarre (A.), produits chim., r. Chapon, 16.

Delachaussé (C.), art. de Paris, r. Vieille-du-Temple, 123.

Delage, harnacherie, passage Saulnier, 4 bis.

Delaroche (F.) et Ce, art. de Paris, éther sulfurique, r. Vendôme, 9.

Delarue (Th.) et Ce, art. divers, r. d'Enghien, 34.

Delarue, parfumerie, r. du Puits au Marais, 5.

Delarue, papeterie, r. du Temple, 101.

Delaval et Maresquelle, art. de Paris, r. Chapon, 16.

Delayen (E.), droguerie, r. Vieille du Temple, 32.

Delettrez, bronze, r. de Berry au Marais, 12.

Delille, tissus, r. du Sentier, 3.

Delisle (H.) et Passajon, art. de Paris, r. des Jeûneurs, 3.

Dell'Oro, art. de Paris, r. Rambuteau, 17.

Delmas (A.) et Gandy, art. de Paris, r. Saint-Louis au Marais, 16.

Delphieu, jouets d'enfants, r. St-Denis, 227.

Demond-Rond, chapellerie, r. Vieille du Temple, 78.

Deneux (A.) et Gramet aîné, serrurerie de bâtiments, r. du Grand-Chantier, 18.

Denison, art. divers, r. St-Honoré, 286.

Denizart (Ch.), art. de Paris, Petit-Lion St-Sauveur, 17.

Deraismes (H.) et Dumoulin, art. de Paris, r. Portefoin, 9.

Deraismes et Boisard, art. de Paris, r. Boucherat, 32.

Deriencourt (Louis), huile, r. Bar-du-Bec, 11.

De Saint-André (E.), draperie, r. des Petites-Écuries, 8.

De Saint-Martin et Roux, tissus, cachemires, place des Victoires, 1.

Desbordes et Baudinot aîné, art. divers pour Rio-Janeiro, r. Samson, 3.

Desbordes (J.) fils, peausserie, r. Mauconseil, 18.

Deschevailles (V^e), jouets, r. Bourg-l'Abbé, 11.

Descombes, art. divers, r. Richer, 27 bis.

D'Esebeck, ganterie, parfumerie, r. Neuve des Petits-Champs, 41.

Desforges, librairie, r. des Grands-Augustins, 25.

Desfosses, art. de Paris, r. de la Corderie du Temple, 13.

Desjardins, bijouterie, r. Neuve Saint-Eustache, 36.

Desjardiens et Megret, soieries et rubans en gros, r. Vivienne, 2 bis.

Desmarais frères, art. de Paris, r. Notre-Dame de Nazareth, 8.

Desmonts (Ch.), salaison, r. Ste-Croix de la Bretonnerie, 30.

Desmoulins, quincaill., r. du Temple, 12.

Desorcy, bronze et art. de Paris, faub. du Temple, 16.

Desplanques, laines, faub. St-Martin, 142.

Desprez, art. de Paris, faub. St-Martin, 174.

Desrieux, art. divers pour l'île Bourbon, r. Grange-Batelière, 11.

Dettelbacher, art. de Paris, r. Neuve Saint-Martin, 27.

Deviefville et Augée, draperie, r. des Fossés-Montmartre, 14.

Devolué et Meuron, art. divers, faub. Saint-Denis, 43.

Dhamelincourt (C.), huiles, r. Vieille du Temple, 34.

D'Hennin, sellerie, r. des Fossés Saint-Germain l'Auxerrois, 14.

Dhertmanni, art. de Paris, r. des Quatre-Fils, 4.

D'Hiauville fils, bijouterie, r. du Temple, 137 bis.

Didier, Colombier et Cᵉ, art. de Paris, pass. Saulnier, 11.

Dietze, art. divers, r. des Vieux-Augustins, 40.

Dujardin, art. de Paris, r. de Bondy, 26.

Dobelin (Ch.), mercerie, r. St-Denis, 172.

Dogier et Passemard, meubles et siéges, r. Vieille du Temple, 126.

Dolhassarry jeune et Cᵉ, bijouterie, r. Vendôme, 8.

Dollfus (Fréd.), nouveautés et meubles, r. des Jeûneurs, 4.

Domecq (D.), art. de Paris, cité Trévise, 6.

Dordogne, bijouterie, r. St-Paul, 45.

Dorval (J. B.), art. de Paris, r. du Gr nd-Chantier, 14.

Douchain, art. de Paris, r. de Poitou, 29.

Douche fils, draperie, r. de Cléry, 11.

Double frères, art. div., r. de l'Echiquier, 12.

Draper et Cᵉ, commiss. pour l'Amérique, r. Hauteville, 30.

Dreſſus aîné et Cᵉ, fournitures de chapellerie, pass. Ste-Avoye, 4.

Drevet Cousins, art. divers, r. d'Enghien, 24.

Dreyſus (Léopold), commiss. en tissus, r. de la Jussienne, 8.

Drin, cuivre estampé, r. Choiseul, 8.

Drouin (J.), produits chimiques, r. Saint-Jacques la Boucherie, 15.

Druenne, art. de Paris, r. Neuve Saint-Martin, 12.

Dubois et Dupuytren, tissus de laines, r. des Jeûneurs, 3.

Dubourg (J. S.), art. de Paris, r. de Braque, 6.

Dubrusle (J.), articles de Paris, r. des Jeûneurs, 20.

Dubus (L.), fournitures de bureau, r. Rambuteau, 30.

Ducas (Elie), horlogerie, r. Ste-Avoye, 23.

Ducellier fʳᵉˢ, soieries en gros, r. du Mail, 11.

Duceux-Daboval et Roche, art. divers d'exportation, r. des Petites-Ecuries, 47.

Duchemin (Fr.) et Pinta, épicerie, r. de la Verrerie, 54.

Duchemin-Ducasse et Cᵉ, art. de Paris, r. Thévenot, 15 bis.

Duchemin-Dufayet et Cᵉ, quincaill., r. d'Anjou au Marais, 21.

Duchamp, coutellerie, r. Grenétat, 4.

Duchamp et Warée, art. de Paris, r. Saintonge, 11.

Duclos (A.), mercerie, r. St-Denis, 149.

Dufour, art. de Paris, r. Portefoin, 11.

Dufour, modes, r. des Deux-Portes St-Sauveur, 18.

Dufour-Chabrol, art. de Paris, r. Bondy, 70.

Dufour et Denisane, art. divers, r. Haute-
ville, 44.
Dufreisne et Montholon, laines filées, r. de
Mulhouse, 9.
Dumanoir et Ce, bois des îles, r. des Blancs-
Manteaux, 30.
Dumas (F.), laines filées, r. Neuve-Saint-
Eustache, 36.
Dumas (Barthélemy), art. de Paris, r. d'Or-
léans au Marais, 5.
Dumont, jouets, r. Pastourelle, 12.
Dumont, produits chimiques, r. de Braque, 6.
Dunaud (T.) et Louis Porlier, art. de Paris,
r. Fontaine du Temple, 18.
Depinay (L.), huiles, r. de Braque, 2.
Dupont, pharmacie, r. Tiquetonne, 14.
Dupont, Aubé et Ce, tissus de laine, r. Neuve
Saint-Eustache, 26.
Duponchelle (H.), couleurs et teintures, r. du
Grand-Chantier, 7.
Dupuis (J.) et Halphen (L.), art. divers, r.
d'Enghien, 32.
Duquenne (Léon) et Ce, draps et nouv., r.
des Jeûneurs, 20.
Durand-Journet (A.), cuirs, r. du Petit-
Lion Saint-Sauveur, 13.
Dureau (A.), nouveautés, r. Tiquetonne, 18.
Duthu, quincaill., r. Crussol, 11.
Dutilloy et Faultes (Ad.), armes, r. d'En-
ghien, 19.
Duval, soierie et rubans, r. Vivienne, 35.
Duval fils, brosserie, r. St-Denis, 94.
Duverger (A.) et Ballehache, nouveautés,
r. Neuve St-Eustache, 32.
Duvigneaud et Ce, fournitures de bureaux,
r. des Vieilles-Audriettes, 3.
Duvrac, vins, r. de la Tixéranderie, 25.

E

Eggena-Boyron et C⁰, art. de Paris, r. Montmartre, 165.

Emmel (H.), art. de Paris, r. de Lancry, 6.

Empaire jeune, nouveautés, r. des Jeûneurs, 1 bis.

Engler, art. de Paris, cité Bergère, 10.

Enoch (S.) et C⁰, art. de Paris, r. des Marais-du-Temple, 29 bis.

Esch (Hermann), art. de Paris, r. Chapon, 5.

Espiritoz, passementerie, r. St-Honoré, 51.

Estelle (J. J.), sellerie, r. des Vieux-Augustins, 11.

Etienne (Adrien), denrées et produits du Midi, r. Neuve-Saint-Merry, 21.

Eudes aîné, pipes et tableterie, r. Saintonge, 11.

F

Fableguettes (Eug.) fils, et Morra, art. divers, r. de l'Echiquier, 44.

Fabre (Ch.), succ. de Hibert, soies, r. St-Denis, 124.

Fabre et Sales, art. de Paris, r. de Bondy, 42.

Fahy et Camus jeune, art. de chapellerie, r. Ste-Avoye, 57.

Falanga (A.), art. divers, r. des Martyrs, 21.

Fargue aîné et C⁰, bijouterie et art. de Paris, r. Paradis, Marais, 8.

Farret, art. de pendules, r. Chapon, 23.

Faucheux, jouets et art. de Paris, r. Petits-Champs-St-Martin, 15.

Faucon (A.) et C⁰, art. de Paris, r. Vieille-du-Temple, 126.

Fauconnier, art. de Paris, r. Meslay, 30.

Fay (J.) et C⁰, art. divers, r. Trévise, 9.

Félix et Durand, laines, r. Ste-Barbe, 3.
Feliker, jouets, r. Tiquetonne, 12.
Féron aîné, coutils, r. St-Martin, 62.
Ferron et Balen, commiss., maison à Bogota, r. Neuve-St-Nicolas, 22 bis.
Feugas jeune, art. de Paris, r. N.-D.-de-Nazareth, 8.
Flamand Japuis et Kastner, toiles peintes, r. St-Joseph, 4.
Flamant-Busine et Cᵉ, art. d'Amiens, r. des Deux-Boules, 8.
Flaxland (Edouard), art. divers, r. des Petites-Écuries, 38.
Fleuriet et A. Delattre, produits chimiques, r. de la Poterie-des-Arcis, 5.
Flobert (J.), art. de Paris, r. des Filles-du-Calvaire, 27.
Floquet, tissus de laine, r. Nve-St-Eustache, 40.
Flotard (J.), peausserie, r. du Renard-Saint-Sauveur, 11.
Flous et Bruzon (Joseph), commiss. et expéd. pour la Péninsule, r. de l'Echiquier, 38.
Fonade, vins, r. Grange-Batelière, 24.
Fontaine (E.), représentant de fab. de Saint-Etienne et de Suisse, r. Montmartre, 130.
Formager, passement., r. Saint-Denis, 176.
Fortier fils et Cᵉ, chaussures, r. Saint-Sauveur, 24.
Foucault, art. de Paris, r. N.-St-Martin, 12.
Fournier (F.), fab. de sondes, bandages, etc., r. du Grenier-Saint-Lazare, 13.
Fournier (Armand), arts divers, r. de l'Echiquier, 38.
Fournier et Pontremoli, nouveautés, r. des Fossés-Montmartre, 6.
Fourques (R.), articles divers, r. des Jeuneurs, 15.

2

Fouquet (B.). articles de Paris, r. Paradis-Poissonnière, 32.

Fox (Ch.), articles divers, r. des Fossés-du-Temple, 68.

Fuzerot, vins, r. de la Victoire, 36.

Frager (Alph.), épicerie, r. de la Verrerie, 60.

Fraimnet (Hippolyte), soieries et draps pour voitures, r. Thévenot, 24.

Fraise et Patasson, nouv., r. St-Sauveur, 24.

Francez (J.), tissus et art. de Paris, r. Grenétat, 25.

Frédéric-Marie, quincaillerie, r. du Faubourg-St-Antoine, 31.

Frequant (E.) et Ch. Petitpont, meubles et siéges, r. de Torigny, 8.

Friedner (Ferd.), art. divers d'exportation, r. Hauteville, 35.

Fromageot, étoffes, r. des Deux-Boules, 7.

G

Gaffré et Cᵉ, chapellerie et fournitures, r. Simon-le-Franc, 13.

Gagne, sellerie, harnach., r. St-Martin, 249.

Gallay, Borel et Boyer, art. de Paris, r. du Temple, 63.

Gallien (H.), vins, r. du Faub.-St-Denis, 8.

Gamard et Colliau (V. F.), fil de fer, cour des Petites-Ecuries, 10 bis.

Gandin (Ch.) et Orengo, daguerrotype, r. de la Vieille-Monnaie, 11.

Gannivet, quincailler, r. St-Martin, 103.

Gauthier de Latouche, vins, r. Choiseul, 2.

Gardère (E.), articles divers, r. de l'Echiquier, 21.

Gardien et Cheron, art. divers, r. Culture-Sainte-Catherine, 42.

Gaudin, outils, r. de Bondy, 62.

Gaultier, cordes harmoniques et articles de Paris, r. Saint-Denis, 374.

Gautier jeune, huiles, r. Vieille-du-Temple, 5.

Gavelot jeune, lib., r. des Bons-Enfants, 26.

Gavoty (Hipp.), représent., r. d'Enghien, 40.

Gaymard et Gérault, fournitures de bureaux, r. Montmorency, 10.

Geffrier et Cᵉ, cachemires des Indes et de France, r. Richelieu, 80.

Gentilhomme jeune, bijouterie, r. du Perche, Marais, 16.

Gérard et Lucaze, art. de Paris, r. de l'Ancry, 17.

Géraud frères, art. de Paris, r. du Faubourg-Saint-Martin, 82.

Gérault, draperie, bonneterie, r. du Four-Saint-Germain, 43.

Germinet (F.), coutel., r. Saint-Denis, 191.

Gerson frères et Cᵉ, art. de Paris, r. des Petites-Écuries, 51.

Gerson (Kauffmann), art. de Paris, r. Charlot, 39.

Gervaise et Richard (Jules), nouveautés pour ameublement, r. Cléry, 29.

Giesler et Faucille, étoffes, r. St-Marc, 21.

Gilbert frères, dentelles, r. Thévenot, 6.

Gilles, tissus, r. Mulhouse, 7.

Gion (J.), droguerie, r. Bourtibourg, 18.

Giot, soierie, r. d'Argenteuil, 45 bis.

Girardeau et Pauchet, exportation pour l'Amérique, r. d'Enghien, 6.

Girauld-Rousselet (J.-M.), soieries, r. Croix-des-Petits-Champs, 41.

Girod frères, fromages, r. du Cloître-Saint-Merry, 8.

Glatron frères, art. de Paris, r. de l'Oseille, 7.

Glénard (F.) et S. Deshouille, articles divers, cité Trévise, 5.

Goer (Hipp. de), art. divers, r. d'Enghien, 10.

Goffard (E.), laines, r. Saint-Denis, 186.

Gomez (G.), art. de Paris, r. Bergère, 7 bis.

Gonnet frères et Ce, peaux et gants, r. Thévenot, 24.

Gonnot, articles divers, r. des Vieux-Augustins, 27.

Gontier, châles, r. du Sentier, 6.

Goubert et Montariol, bijout., r. des Enfants-Rouges, 4.

Gourdin, éponges, perles, r. Bourg-l'Abbé, 22.

Graetzer et Hermann, nég. commissionn., r. de l'Echiquier, 11.

Grancourt, commiss. en tous genres, r. du Temple, 22 (et r. St-Denis, 24).

Grand et Poulet, draperie, r. des Mauvaises-Paroles, 11.

Grangé, articles divers, r. du Faubourg-St-Martin, 84.

Grangé (Gve), bijouterie, r. Rambuteau, 2.

Greer, perles, r. Saint-Martin, 193.

Grellou (A.), mercerie, r. Saint-Denis, 132.

Grelou, mercerie, rubans, r. St-Denis, 171.

Grenier (A.), nouveautés, r. du Faubourg-Poissonnière, 19.

Gries, art. de Paris, r. de la Lune, 37.

Grimault aîné, peausserie, r. Française, 9.

Griollet, Seillier et Chamboiron, bonneterie de soie, r. des Bourdonnais, 11.

Groizillier (Léon), art. de Paris, r. du Faubourg-du-Temple, 25.

Grondart, art. de Paris, r. Jean-Robert, 17.

Grosholz (Ph.), art. divers, r. Mazagran, 3.

Grout, merc., soieries, r. Saint-Denis, 140.

Guibert (J.), art. divers, r. Montmartre, 148.

Guichard et Moccand, fournit. de chapellerie, r. Sainte-Avoye, 30.

Guillaume, articles de Paris, r. Michel-le-Comte, 24.

Guilbert (E.), toiles, r. du Sentier, 9.

Guillemard aîné, bijouterie, r. des-Enfants-Rouges, 4.

Guillemard jeune, bijout., r. Portefoin, 13.

Guillet et Cᵉ, rubans, r. Saint-Denis, 115.

Guimas, passementerie, r. Saint-Honoré, 40.

Guenet, art. divers, r. Grange-Batelière, 22.

Guenie (J. J.), librairie, r. du Cadran, 20.

Guerbette (C.), mérinos, soierie, r. des Deux-Portes-St-Sauveur, 34.

Guérin Defoncin, art. de Paris, r. Paradis-Poissonnière, 12.

Guérineau (Henri), peaux, r. Beaurepaire, 10.

Guerlin, Houel et Cᵉ, cuirs, r. Française, 3.

Guerry, fils, peausserie, r. Française, 2.

Gunter et Pirlot, armes et art. de Paris, r. du Faubourg-St-Martin, 82.

Guybert, (A.), mérinos, r. du Mail, 1.

Guyerdet jeune, bronze, r. de Vendôme, 10.

Guyot, art. de Troyes, r. du Caire, 29.

H

Hache, savon, potasse, r. de le Vieille-Monnaie, 26.

Hache (A.) et Cᵉ, art. divers, r. de l'Ancry, 22.

Hackenbroch, art. de Paris, r. Neuve-St-Nicolas, 32.

Hahne (A.), art. de Paris, r. du Cadran, 14.

Haillot et Degardin, art. de Paris, r. Saintonge, 11.

Halphen (A.), bijouterie, r. Traînée, 17.

Hamard et Guerin, étoffes de **soie et nouveautés, r. Vivienne, 16.**

Hannoyer (P.), art. de Paris, r. des Filles-du-Calvaire, 27.

Haraneder (P.), art. de Paris, r. Hauteville, 4.

Hartemann, art. de Paris, r. Bleue, 27.

Hautot et P. Courthiade, calicots, percale, r. du Sentier, 14.

Havart et Hamot, soieries, r. des Fossés-Montmartre, 10.

Havé, quincaillerie, r. Neuve-St-Paul, 10.

Haville, droguerie, r. de la Verrerie, 4.

Hayem, art. divers. boulev. St-Denis, 24.

Hayet aîné et frères, art. de Paris, r. Neuve-Ménilmontant, 17.

Hefti (Oswald), art. de Paris, r. de l'Échiquier, 5.

Helie (S. N.), art. divers, r. Pigale, 19.

Hémerdinger frères, art. de Paris, r. Grange-aux-Belles, 7 ter.

Hemon, denrées coloniales, r. Paradis, Marais, 4 bis.

Hendle et Cᵉ, art. divers, r. d'Enghien, 6.

Hénocque (Achille), nouv., r. du Sentier, 9.

Hénoque et Vanwers, éperonnerie, r. Basse-du-Rempart, 14.

Henon, peaux, r. Beaurepaire, 3.

Henrion-Berthier (Eug.), droguerie, r. Ste-Croix-de-la-Bretonnerie, 34.

Héricourt, quincaillerie, r. St-Martin, 186.

Hering (A.) jeune, calicots, r. de Jeûneurs, 7.

Herman (Constant), essences pour parfumerie, r. Quincampoix, 11.

Hervieux-Potard, soieries, boulev. des Italiens, 23.

Hervy, manuf. de boutons d'os, r. Rambuteau, 64.

Hesse fils, boutons, r. St-Denis, 266.

Hestrès aîné et Ce, art. de Paris, r. Maza-
gran, 6.
Heuzé frères, art. divers, r. d'Enghien, 34.
Honnegger (A.) et Ce, art. de Paris, d'En-
ghien, 22.
Honoré, draperie, r. Bergère, 13.
Hottot, pendules, r. de Bondy, 48.
Houel frères, cuirs, r. Française, 6.
Howel et Salles, art. de Paris, r. Neuve-St-
Augustin, 3.
Hubert, art. de Paris, r. du Temple, 62.
Huberty, laines, r. Neuve-de-la-Fidélité, 8.
Huiart, Corpel frères et Ce, bijouterie, r. Pa-
vée, Marais, 3.
Humbert frères, art. de Paris, r. du Cime-
tière-St-Nicolas, 12.
Hunt (Ch.), tresses de paille d'Italie, suisse,
r. de l'Échiquier, 28.
Hunziker frères, art. de Paris, r. Ste-Apol-
line, 14.
Hurillon et Raulin, art. de Paris, r. Porte-
foin, 15.
Hy, draperie, soieries, place Dauphine, 29.

I

Ibry, huiles, r. de la Verrerie, 52.
Immerwahr (H.), négociant commiss., r. de
l'Échiquier, 16.
Ingelbach (F.), agent de fabriques d'Alle-
magne, cour des Miracles, 8.
Isaac (Eg.) et Lafontaine, toiles, r. Saint-
Fiacre, 1.
Israël (A.), étoffes, r. Bourbon-Villeneuve, 5.

J

Jacobsen (Henri), art. de Paris, r. du Faubourg-Poissonnière, 31.

Jacquemoud (F.) et Auzou (L.), châles, r. Montmartre, 124.

Jager Schmidt (G.), art. divers, r. d'Enghien, 26.

Jahan (C.), denrées coloniales, r. Pavée, Marais, 24.

Jaillet et Cassaigne, art. de Paris, r. N.-D.-de Nazareth, 10.

Janvier jeune, art. divers, boulev. St-Martin, 31.

Jardin jeune, sucres, r. des Francs-Bourgeois, 21 bis.

Jartoux (A.), art. de Paris, r. Neuve-Saint-Eustache, 45.

Jaubert (Remy), art. divers, r. Grenelle-St-Honoré, 33.

Jaudin et Garce, bijout., art. de Paris, r. de Berry, Marais, 10.

Jaurès-Armingaud et Ce, laines, r. de Trévise, 6 bis.

Jeanti aîné, grains, r. des Quatre-Fils, 9.

Jeanti jeune et Pajot, denrée coloniales, r. Ste-Avoye, 23.

Jeannet (L.) et Joubert, tissus de laines, r. St-Joseph, 5.

Jobert aîné, représentant des fabriques, r. Neuve-St-Eustache, 39.

Johanneau, papeterie, boul. Poissonnière, 25.

Johnston et Ce, calicots, r. du Sentier, 18.

Jomard fils, droguerie, r. de Braque, 6.

Jossier, art. de Paris, r. des Trois-Pavillons, 3.

Jouanneaux et Gillet, quincaillerie, r. Mauconseil, 22.

Joubert jeune, quincaill., r. St-Antoine, 81.

Jouin jeune et Camus aîné, art. divers, boul. St-Denis, 12.

Jourdain, art. de Paris, r. du Grand-Chantier, 14.
Journé et Grisier, tissus, r. Bertin-Poirée, 5.
Jubault, farine, r. du Cadran, 7.
Julliany (B.), père et fils, art. de Paris, r. de Bondy, 19.
Julian, bronze, r. des Francs-Bourgeois, 13.
Julien, bij., r. Culture-Ste-Catherine, 54.

K

Keenan (J.), dentelles, r. des Jeûneurs, 13.
Kervoyen, art. divers, r. du Helder, 11.
Kirk et Hogard, art. de Paris, r. Neuve-St-Augustin, 10.
Klug (Ch.), et Emson, lainage, r. de Trévise, 11.
Krauss, art. de Paris, soierie, r. de l'Échiquier, 28.
Kuhn, chapellerie, r. Grenier - Saint - Lazare, 16.
Kulp, frères, art. de Paris, r. de l'Échiquier, 15.

L

Labaume, tissus de laine, r. du Sentier, 21.
Labbé (E.) et Ce, mousseline, r. du Sentier, 9.
Labbé (L.), libraire, r. Saint-André-des-Arts, 51.
Labonne, vins, r. Feydeau, 6.
Laborne, bijouterie et art. de Paris, r. Michel-le-comte, 24.
Laborde (J.), vins, r. Grange-Batelière, 22.
Labreuvoir et Damerat, art. de Paris, r. Chabrol, 42.
Lachaume, jeune, soieries, châles, r. Saint-Roch-Poissonnière, 6.

Lacombe (J. Ph.), art. de Paris, r. Hauteville, 61.

Lacroix, bijouterie, r. d'Orléans (Marais), 7.

Ladent, frères, nouveautés, r. Neuve-Saint-
Eustache, 44.

Lafarge, art. de Paris, r. Meslay, 30.

Laillier, mercerie, r. Saint-Denis, 98.

Laîné (Napoléon), art. divers, r. Mazagran, 9.

Lamare-Gautier, sellerie, r. St-Anastase, 7.

Lamare et Vanbonn, art. divers, r. d'Enghien, 18.

Lambert et Dalboussière, exportation pour
l'Amérique, r. Hauteville, 28.

Lamm, bronzes et glaces, r. Molay, 3.

Lamy, bijouterie, r. Vieilles-Audriettes, 4.

Lanavit (A.), draperie, r. des Mauvaises-Paroles, 17.

Lanciau et Ce, huiles, r. du Grand-Chantier, 8.

Landauer et Maus, tissus, r. Bergère, 7 ter.

Lane Lamson et Ce, art. divers, r. de la Victoire, 4.

Langlois (A.), agent de fab. de Roubaix,
Lille, passage Saulnier, 7.

Lannier (Vve), broderie et lingerie, r. Nve-
des-Petits-Champs, 6.

Lanseigne frères et Anger, laines, r. Hauteville, 48.

Lanterbach, art. de Paris, r. du Roi-Doré, 8.

Larenaudière (F.), fournitures de bureaux,
r. du Mouton, 5.

Laroze, bijouterie, r. du Temple, 137 bis.

Larrouy et Baillieux, art. divers, r. des Marais-du-Temple, 13.

Lars-Jacobsen, art. de Paris, r. des Petites-
Ecuries, 44.

Lasalle-Rey et Cie, à Rio-Janeiro, r. Thévenot, 15.

Lascols de la Lozère, tissu de laine, cretonne, impasse des Bourdonnais, 6.

Lasne aîné, denrées coloniales, r. Rambuteau, 20.

Lassalle et Ce, art. de Paris, r. Louis-le-Grand, 35.

Laulhé (Lucien), fruits secs, r. de Cléry, 100.

Laurant, art. de Paris, r. Chapon, 5.

Laurens (B.), art. de nouveautés, r. Saint-Roch-Poissonnière, 8.

Laurrent (E.) et Ce, châles, r. Neuve-Saint-Eustache, 36.

Lautelet, modes et fleurs, r. St-Denis, 306.

Lavelle (Alfred), salaisons, couleurs et vernis, r. Nve-St-Méry, 41.

Leauté frères, mercerie, r. Neuve-Bourg-l'Abbé, 10.

Lebaron et Ce, soieries, place des Victoires, 7.

Lebas, art. de sellerie, r. Meslay, 46.

Le Ber (Théodore), bijouterie, r. Neuve-St-Martin, 7.

Leblois (Victor), art. divers, r. du Helder, 12 bis.

Lebouvier (Félix) et Pinel, quincaillerie, r. du Faubourg-St-Martin, 55.

Lecaille (A.) et Levasseur, tulles, r. de Cléry, 30.

Lechat et Drouet, lingerie-nouveautés, r. de la Chaussée-d'Antin, 12.

Lecointe (Aug.), tissus de laines, r. Hauteville, 18.

Lecomte (A.), foulards, r. du Mail, 29.

Lecomte, grains, r. de Viarme (Halle au blé), 14.

Lecoq et Ce, cuivre estampé et art. de Paris, r. des Francs-Bourgeois, 14.

Lecrosnier, Haus (D.) suc., fournitures de bureaux, r. du Temple, 69.

Lecus et Thibault (G.), art. de Roubaix, r. des Deux-Boules, 6.

Ledoux et Gallet, épicerie, r. St-Denis, 74.

Leduc, chapellerie, r. Simon-Lefranc, 8.

Lefebvre (F.), art. de Paris, r. St-Gilles, 18.

Lefèvre, blondes et dentelles, r. Notre-Dame des Victoires, 14.

Lefèvre (Alph.) et Chevalier, ameublement, r. Nve-St-Nicolas, 32.

Lefèvre et Ch. René, bonneterie, r. des Déchargeurs, 10.

Legrand (Em.), art. de Paris, r. Paradis-Poissonnière, 44.

Legrand, art. pour l'armée, r. Fontaine-Molière, 19.

Leguillette (Ch.), quincaillerie, r. du Faubourg-St-Antoine, 50.

Lehman (D.), art. de Paris, r. Hauteville, 49.

Lejeune fils aîné, tresses, vins, r. Fontaine-du-Temple, 25.

Lejoindre, épicerie, r. Ste-Croix de la Bretonnerie, 25.

Leleux, fournit. d'horlogerie, r. de la Calandre, 54.

Lemaire, jouets et art. de Paris, r. Chapon, 2.

Lemaire (A.), suc. de Labey frères, fab. d'ornements d'ameublement, art. de Paris, place du Caire, 2.

Lemaire-Daimé, art. divers, boulevard Poissonnière, 4.

Lemaréchal (B.), huiles et savon, r. d'Orléans (au Marais), 9.

Lemercier (N.), harnacherie, boulevard St-Martin, 18.

Lemercier frères, produits chimiques, r. des Ecouffes, 29.

Lemoine, art. de Paris, r. du Perche, 7 (Marais).

Lemoine (F.), commiss. en cuirs, r. Mauconseil, 25.

Lemoine et Ricard, denrées coloniales, r. Nve-St-Méry, 30.

Lenoir-Puget et Cᵉ, art. de Paris, r. Geoffroy-Marie, 5.

Léon (Polidor), nouveautés, r. Geoffroy-Marie, 10 bis.

Leorat (E.) et Ferrant, art. de Paris, r. de l'Echiquier, 40.

Lepage frères, armes, r. Bourg-l'Abbé, 22.

Lepelletier, toiles et dentelles, r. St-Fiacre, 3.

Leperdriel, pharmacien, faub. Montmartre, 78.

Lepeuple, art. de sellerie, r. Meslay, 41.

Leplat, art. de sainteté, r. Saint-Denis, 206.

Le Roux, droguerie, r. Ste-Croix de la Bretonnerie, 22.

Leroy (H.), esprits et huiles, r. Paradis (au Marais), 12.

Leroy et fils, draperie, r. de Mulhouse, 13.

Leroy et Bourdon, porcelaine et bronze, r. du Faubourg-du-Temple, 25.

Lescuyer, art. de Paris, r. de Bondy, 26.

Leseure, Collin et Cᵉ, mercerie et art. de Paris, r. de la Marche, 12.

Lesperut (P.) fils aîné et Rodriguès, art. de Paris, r. Nve-St-Nicolas, 28 bis.

Letailleur (N.), plumes d'acier, r. Mauconseil, 18.

Letieuvent et Thomas, art. de St-Claude, r. St-Martin, 161.

Letourneur-Morel, calicots, r. St-Martin, 88.

Letrait, étoffes de soie, r. de la Vrillère, 8.
Leuba (A.) et Ce, art. de Paris, r. d'Enghin, 10.
Leube et Hovyn, art. de Paris, r. Vendôme, 9.
Leunenschloss (Math.), tissus pour bretelles, r. de la Fidélité, 15.
Levallois (H.), pendules, r. Meslay, 26.
Levasseur (Mme), broderies, r. St-Denis, 151.
Leveau, art. de Paris, r. St-Denis, 303.
Lévêque, cuirs, r. du Cloître-St-Jacques, 1.
Levieux (D.) fils, art. de Paris, r. Thévenot, 4.
Levillain frères (G. et F.), art. de Paris, r. des Vieilles-Haudriettes, 3.
Lezer, art. divers, boulev. St-Martin, 17.
Lheurin-Meynard, ameublement, boulevard des Italiens, 19.
L'Hote (A.), nouveautés, r. Hauteville, 11.
Liebert (Ch.), bijouterie et art. de Paris, r. du Temple, 108.
Liegard frères, carrosserie, r. du Val-Ste-Catherine, 19.
Liesching (L.), art. de Paris, boulev. Bonne-Nouvelle, 28.
Liesching (Thé.) et Ce, porcelaines, r. d'Enghein, 6.
Liesse et Durand, art. de Paris, r. d'Anjou (Marais), 6.
Lieutenant (A.), art. de Paris, r. Bleue, 26 ter.
Lièvre (Alexand.), art. de Paris, r. des Bons-Enfants, 23.
Lignère (J.), châles, r. Nve-St-Eustache, 21.
Limozin (H.), art. de Paris, r. de l'Echiquier, 15.
Lipman, art. de Paris, r. de Poitou, 24.
Lobligeois, épicerie, r. Ste-Croix de la Bretonnerie, 38.

Lonclas, nouveautés, r. Nve-Ste-Eustache, 32.

Londe et Brandao, soieries, place des Victoires, 3.

Longuet aîné et Masse, papeterie, r. des Lombards, 1.

Lonjon (F.), art. de Paris, r. des Vieilles-Haudriettes, 4.

Lorant, carrosserie, r. Pont-aux-Choux, 17.

Loridan frères, art. de Roubaix, r. Bertin-Poirée, 10.

Lorne et Frois, art. divers, r. d'Enghien, 5 bis.

Louis (A.) et Cᵉ, papiers de couleurs, r. du Plâtre-St-Jacques, 11.

Loupot, quincail., r. Tixeranderie, 13.

Lucassen, art. de Paris, r. d'Enghien, 13.

Lucquin et Clara, art. de Paris, r. Vendôme, 9.

Lucy (E.), art. de Paris, r. Samson, 3.

Lynen (A.), art. de Paris, r. St-Louis (Marais), 16.

Lynen (H.), art. de Paris, r. Hauteville, 42.

M

Madlaine (E.), droguerie, r. Vieille-du-Temple, 5.

Magen (Vor.), librairie, quai des Augustins, 21.

Magnier, épicerie, r. Ste-Croix de la Bretonnerie, 29.

Magniole et Begule, art. de Paris, r. Meslay, 40.

Mahieu et Baudot, nouveautés p. pantalons, r. des Bourdonnais, 2.

Maillet père et fils, art. de Paris, r. Michel-le-Comte, 21.

Malzac, Peausserie, r. Bourg-l'Abbé, 52.

Manchon, huiles. art. du Havre, r. Rambuteau, 46.

Manini (A.), art. de Paris, r. Hauteville, 55.

Mansoz frères, nouveautés, r. d'Enghien, 13.

Mantin (P.) et Luzarche jeune, bronze et pendules, r. Pavée (Marais), 1.

Marchand, art. de Paris, r. du Grand-Chantier, 10.

Marchand (A.), meubles, r. Nve-St-Gilles, 8.

Marc-Leod (John), art. de Paris, r. Mondovi, 2.

Marc Weinschenk, glaces, art. divers, r. Montmorency, 7.

Marguerat (J.), bijouterie et pendules, r. Meslay, 37.

Marguerite, art. de Paris, r. Mauconseil, 12.

Mars (H.), art. de Paris, r. Bleue, 3.

Marteau (E.) et Dalmas, bijouterie, r. des Vieilles-Haudriettes, 8.

Martin (J.) et Magonty, étoffes p. chaussures, r. du Petit-Lion-St-Sauveur, 13.

Martin (M.) et Balsan, draperie, r. Thibautodé, 10.

Marx, art. de Paris, r. St-Roch-Poissonnière, 6.

Masséna, droguerie, r. des Francs-Bourgeois, 22.

Masson, art. de Paris, r. St-Honoré, 9.

Masson (Félix), art. divers, r. de l'Echiquier, 36.

Mathorel, art. divers, r. des Vieux-Augustins, 40.

Matty, Dutemple et C°, huiles, r. de la Verrerie, 60.

Mauclair, art. de Paris, r. des Enfants-Rouges, 8.

Mauger jeune, épicerie, r. St-Denis, 65.

Mauhin (Ch.), succ. de Dobilly, fournit. de chapellerie, r. Ste-Avoye, 39.

Maune, quincaillerie, r. de la Perle, 12.

Maupetit (C.) jeune, représentant de fabriques françaises et étrangères, r. de l'Echiquier, 26.

Maurice (V^c), succ. de Cabany, fournitures de bureau, r. Ste-Avoye, 57.

Maurin (A.), fournitures de bureaux, r. des Vieilles-Haudriettes, 4.

Maurin (Ch.) et Ce, art. de Paris, r. de Bondy, 5.

Mayer-Schenerp (L.), laines, r. Trévise, 11.

Mayor (J.), vins de Bordeaux, r. Paradis-Poissonnière, 48.

Mazet (Clément), art. divers, r. Borda, 3.

Mazoyer, nouveautés, r. du Bouloy, 19.

Mazzucchelli aîné, comestibles, r. des Bons-Enfants, 29.

Meissonnier (Charles), produits chimiques, r. Meslay, 8.

Memo (E.), nouveautés, boulevard Poissonnière, 23.

Menet, papiers, r. des Petites-Écuries, 13.

Menet et Possoz, calicots, r. du Sentier, 1.

Mermidiod frères, coutel. r. St-Denis, 349.

Meslier (P.), calicots et meubles, r. du Gros-Chenet, 19.

Mesnier fils et Chatelin, bijouterie et art. de Paris r. Michel-le-Comte, 18.

Meslier-Jouanne et Ce, draperie, r. des Mauvaises-Paroles, 19.

Meunier (Louis), art. de Paris, r. Neuve-St-François, 12.

Meyer (E.), art. de Paris, r. des Marais-du-Temple, 5 bis.

Meyer (C.), étoffes, r. Hauteville, 7.

Michaud, parfumerie, r. Folie-Méricourt, 18.

Michel-Noël, horlogerie, r. Cloche-Perche, 10.

Michelin, rubans de velours, r. Montmartre, 139.

Mignon, bonneterie, r. St-Martin, 112.

Mitchell's, plumes d'acier Cuzin, fournit. de bureaux, r. Montmorency, 6.

Milleschamps et Ce, draperie, r. des Lavandières-Ste-Opportune, 28.

Mitjans Villalaz et Ce, expor. Amérique, r. Hauteville, 30.

Mocqueris aîné et Ce, bonnetterie, r. des Déchargeurs, 11.

Mogin-Nebel, vins de Champagne, r. Geoffroy-Marie, 14.

Mogis (A.), perles de Venise, r. Bourg-l'Abbé, 50.

Moignet (B.), épiceries, r. de l'Homme-Armé, 3.

Moitessier fils, négociant, commission., r. de l'Echiquier, 31.

Molteni et Ce, instruments de mathématique, r. Nve-St-Nicolas, 30.

Monchicourt frères, quincaillerie, r. Quincampoix, 18.

Mondau jeune, pipes et tabatières, r. Neuve-St-Méry, 27.

Mongrolle (A.), rubans, r. St-Denis, 101.

Monin, farines, r. des Bons-Enfants, 29.

Monin et Ce, passementerie, r. de Cléry, 21.

Monod (J.), produits chim., r. Bar-du-Bec, 4.

Montandon frères, horlogerie, r. Grenelle-St-Honoré, 14.

Monteret, vins, r. Bar-du-Bec, 9.

Montmartre, garniture de bureaux, r. Saint-Martin, 163.

Morand et Ce, étoffes de soie, r. des Fossés-
Montmartre, 2.
Morand et Trocque, art. de Paris, r. St-Ma-
gloire, 2.
Môre, quincail. r. Royale-St-Antoine, 16.
Morel (F.) et J. Fère, r. du Chaume, 7.
Morel (F.), bijouterie, r. Samson, 5.
Morel des Boulets, sellerie, r. des Francs-
Bourgeois, 11.
Moreno-Henriquès, draps de Sédan, r. des
Déchargeurs, 4.
Morin, quincail., r. Bleue, 1.
Moris (Ch.) et Ce, nouveautés, r. d'En-
ghien, 13.
Morisset (Edme) et Ce, mousseline de laine,
r. du Sentier, 16.
Morize et Vatard, bijouterie, r. de Vannes, 6.
Morizot, fruits secs, r. de l'Homme-Armé, 3.
Mouchot, graines, r. du Gros-Chenet, 6.
Moulin (L.), laine, r. Paradis-Poissonnière, 7.
Mulatier Robert, encre en poudre soluble
et produits chim., r. St-Antoine, 59.
Muller (F. et C.), mousselines, laines, r. du
Sentier, 3.
Muller fils et Ce, art. divers, r. du Faubourg-
St-Martin, 115.
Mullot, art. divers, r. de l'Echiquier, 26.
Munroé (John) et Ce, export. p. l'Amérique,
r. Hauteville, 24.
Muret (A.) et Bachoux, épicerie, r. Bar-du-
Bec, 21.
Mussey, art. de bureaux, r. Vieille-du-Tem-
ple, 27.

N

Nante, bronze, r. de la Roquette, 14.
Nau frères, sellerie, r. de Trévise, 6.

Nau-Schlumberger et Hussenot, calicots, r. du Sentier, 11.

Naury (J.-B.), art. divers, r. du Faubourg-du-Temple, 48.

Navrancourt, art. de Paris, r. Portefoin, 4.

Neuburger (A.) et Cᵉ, bronze et horlogerie, r. Vivienne, 4.

Neville (Frédéric), ganterie, r. Hauteville, 3.

Nicolas et Cᵉ, épicerie en gr., r. St-Méry, 27.

Nicolaï, art. de Paris, r. du Faubourg-St-Denis, 90.

Niquet (F.) et Chatard, art. de Paris, boulevard Poissonnière, 14.

Noël (Hte), soie et droguerie, r. de l'Échiquier, 17 bis.

Nogaro (Théophile), art. divers, r. d'Enghien, 34 bis.

Noirot et Badois, carrières et métaux, r. Mauconseil, 18.

Nouette-Delorme, papiers, quai des Augustins, 55.

Nunez, art. de Paris, r. Chauchat, 2 bis.

O

Olivetti (Raphaël), art. divers, r. Laffitte, 1.

Olivier-Bouloy, broderie, r. Thévenot, 15 bis.

Olivier et Personnaz, art. de Paris, r. Hauteville, 52.

Oller, Chatart et Pattey, art. divers, r. Hauteville, 61.

Oppenheim (Paul), pierres fines, r. des Deux-Ecus, 35.

Oppeinheimer, art. de Paris, r. Vendôme, 25.

Orbelin (P.), art. de Paris, r. de l'Echiquier, 15.

Osmont, art. de Paris, r. de l'Ancry, 6.

Osmont, tapisserie, r. du Faubourg-St-Antoine, 28 bis.

Oulmann, cachemires, r. St-Marc, 27.
Outin, nouveautés, r. des Mauvaises-Paroles, 21.

P

Pahschk (J.) et Cⁿ, art. d'Angleterre (Londres, 4, John street Crutched friars), r. des Petites-Écuries, 24.
Pahud (H.), fleurs artif., boulev. Poissonnière, 24.
Paillard, farines, r. Montmartre, 15.
Paillard (E. et A.) frères, art. de Paris, horlogerie, r. Mandar, 4.
Paillard (V.) jeune, quincaillerie et art. de Paris, r. Charlot, 8.
Pajot, pianos, r. basse du Rempart, 48 ter.
Pannier jeune, laines, grains, r. Bleue, 36.
Panier et Paillard, art. de Paris et de bur., r. Vieille du Temple, 75.
Papin, soieries, r. des Fossés Montmartre, 4.
Paraf, Javel-Petillot et Cᵉ, tissus, impressions d'Alsace, r. du Sentier, 20 bis.
Parisot (E.), art. d'exp., r. St-Fiacre, 7.
Parker, art. pour l'Angleterre, boulev. des Capucines, 29.
Pasquier (Emile), meubles, r. Meslay, 35.
Passard, librairie, r. des G.-Augustins, 9.
Passot, art. de Paris, r. de la Perle, 12.
Patto (Henri), exp. pour l'Amérique, r. Paradis-Poissonnière, 50.
Paul (Auguste), bijou, boulev. Bonne-Nouvelle, 10.
Paul, châles, nouveautés, r. d'Amboise, 6.
Paya, art. divers d'exportation, r. Hauteville, 34.
Peccatte (Ch.), mercerie, r. Saint-Denis, 178.

Pechard, jeune, quincail., r. Neuve Saint-
Paul, 8.
Peghaire, droguerie, r. des Cinq-Diamants, 24.
Peigney (Victor), succ. anc. maison Santerre,
quincail., r. St-Martin, 34.
Pellerin, instruments de musique, r. Vi-
vienne, 10.
Pelletier, art. de Paris, r. G. Chantier, 8.
Pelletrean (Jules), art. de Paris, faub. Pois-
sonnière, 54.
Penn et Cᵉ (de Londres), tulles, r. du Sen-
tier, 6.
Perée, fruits secs, r. du Cloître-St-Merry, 6.
Perichon, soieries, r. de Braque, 4.
Perin fils, quincail. r. du G. Chantier, 7.
Perinet et Labbé, mercerie, r. St-Denis, 266.
Perraud jeune, jouets, art. de Paris, r. d'An-
jou (Marais), 19.
Person, broderie, r. Montmartre, 95.
Pesel et Menuet, art. pour chapellerie, r.
Bourbon-Villeneuve, 7.
Pesron, papeterie, r. des Mathurins, 18.
Petit, bonneterie, laines, coton, r. des La-
vandières Ste-Opportune, 16.
Petit (J.), art. de Paris, r. Meslay, 24.
Petit, Dubois, Berloquin et Cᵉ, grains, r.
Mercier, 8.
Petitjean, quincail., r. Charonne, 3.
Pétry, porcelaines, faub. Poissonnière, 35.
Philippe-Schloss, art. de Paris, r. Ste-Appo-
line, 13.
Piault (A.), fils aîné, coutel., r. St-Denis,
293.
Piault jeune, coutel., r. St-Denis, 229.
Picard et Berlyn, art. de Paris ; maison r.
Thévenot, 23 ; papier ciré, r. St-Martin,
114.

Pille jeune, quincail., r. Petit-Thouars, 19.
Pillard, quincail., r. des Arcis, 50.
Pinchon, quincail., r. Grenétat, 26.
Piot (C.), bijouterie, r. d'Anjou (Marais), 21.
Picot, vins, r. St-Honoré, 323.
Pissin (E.), éponges, r. Mauconseil, 18.
Pitard (Ate) et Massacry (Edouard), étoffes satinées, r. Neuve St-Eustache, 31.
Pitrat (C. M.), art. divers, r. d'Enghien, 32 bis.
Plaines frères et Caron, draperie, r. des Déchargeurs, 3.
Plançon, draperie, r. Bertin-Poirée, 9.
Pléney, étoffes et nouveautés, r. de la Jussienne, 11.
Poirat et Badié, produits chimiques, r. Puits-Blancs-Manteaux, 6.
Poiret, laines et cotons, r. St-Denis, 106.
Poirier frères, art. de Paris, r. Bondy, 18.
Poirot (D.), instruments, r. St-Denis, 374.
Poisson, épicerie, r. Quincampoix, 1.
Poisson (Jules), art. de Paris, r. du Grand-Chantier, 1.
Poncet, mérinos, place des Victoires, 9.
Ponti frères, art. de Paris, r. Meslay, 24.
Potier et Allemand, huiles, r. Poterie des Arcis, 7.
Potonié (D.) et Ce, art. de Paris, r. Neuve St-François, 5.
Pottier (A.), casquettes, chapellerie, r. Rambuteau, 43.
Pottier et Hauchard, droguerie, r. des Quatre-Fils, 10.
Pouille, art. de Paris, r. Royale St-Martin, 2.
Poulet, art. de Paris, boulev. Bonne-Nouvelle, 8.
Poullain frères, art. de Paris, r. d'Enghien, 22.

Préville, ganterie, passage du Saumon, 50.
Prevost (A.) fils et Cᵉ, banque et recouvre-
ments, r. St-Fiacre, 3.
Prevost fils et Cᵉ, laine, r. St-Fiacre, 3.
Prontaut, épicerie, r. Neuve St-Méry, 11.
Prudhomme (A.), art. de Paris, r. Tique-
tonne, 14.
Pucey aîné, tablett. r. St-Denis, 277.
Pussey (Ch.), soieries et rubans, r. de la
Paix, 15.

Q

Quillé et Bernier, denrées coloniales, r. de
la Verrerie, 36.

R

Rabutaux, denrées coloniales, r. Vieille du
Temple, 30.
Ractivand (G.), produits du Levant, r. Ma-
zagran, 10 bis.
Raffin (J.) et Cᵉ, instrument d'agriculture,
r. Grange-aux-Belles, 7 bis.
Ramboud et Morel, bronze et art. de Paris,
r. du Temple, 94.
Rampal (Marius) et Cᵉ, savon, sucre, r. Hau-
teville, 66.
Rathier (J.), draperie, r. des Deux Boules,
13.
Ratier (Gve), art. de Paris, r. du Mail, 5.
Rave (Hte) et Cᵉ, art. de Paris, r. Neuve
St-Eustache, 15.
Ravelet, boutons, aiguilles et soie, r. du Gr.
Chantier, 5.
Récart (U.) et Cᵉ, art. de Paris, impasse Ma-
zagran, 1.
Remy-Gravier, fab. de chapeaux et casquet-
tes, r. du Chaume, 7.

Renaldy, bijouterie, r. des Marais du Temple, 49.

Renaud (Hte), horlogerie, r. J.-J. Rousseau, 19.

Renouard (Em.), étoffes, r. de l'Échiquier, 15.

Renouard (H.), étoffes pour meubles, r. Richelieu, 104.

Reynaud (L.) et Cᵉ, art. divers, r. Neuve St-Nicolas, 20.

Ribeaucourt, Bourgeois et Cᵉ, produits chimiques, r. Charlot, 12.

Ribot (A.), art. de Paris, r. St-Denis, 208.

Ricard (V.), fournit. de chapellerie, r. Ste-Avoye, 34.

Richard-Lagerie frères, mérinos, r. Coquillière, 46.

Richemont, Jolivart et Chereau, toiles peintes, r. du Gros-Chenet, 6.

Richter et Hagdorn, art. de Paris, r. Ste-Appoline, 15.

Ricou et Gerdret, art. divers, r. Martel, 10.

Riecke et fils, quincail., art. pour les colonies, r. Philippeaux, 15.

Riedl et Helwert, commiss. pour l'Allemagne et l'Angleterre, r. d'Enghien, 39.

Rheinart et Cᵉ, nouveautés, passage Saulnier, 16.

Risler (A.), nouveautés, r. du Gros-Chenet, 9.

Risler Heilmann, machines pour filature, passage Saulnier, 6.

Riquier, art. de Paris, r. Grange-aux-Belles, 2.

Robert frères, sellerie, r. de l'Ancry, 17.

Robert (D.), art. de Paris, r. Chapon, 16.

Robin, soieries et draperies, place des Victoires, 2.

Rochat et Jodot, commiss. en cuirs, r. Mauconseil, 27.

Roche (Vve) et Fayet, art. de Paris, r. du
Gr. Chantier, 4.

Rochot fils (A.), horlogerie, bronze, r. des
Vieux-Augustins, 10.

Rodel et Ce, art. divers, r. de la Victoire, 6.

Rodier (L.), denrées coloniales, passage
Saulnier, 4 bis.

Rodolphe-Zôhls, art. de Paris, impasse Mazagran, 8.

Rodriguez et Siégel, art. de Paris, faub. Poissonnière, 40 bis.

Roger, Gandry, Detchemendy et Ce, laines,
r. des Petites-Écuries, 13.

Rognon (Ctin), quincaill. et art. de Paris,
r. Montmorency, 14.

Rolland, meubles, r. Culture-Sainte-Catherine, 52.

Rollin, rubans, soieries, r. Vivienne, 12.

Romagny (Auguste) et Pion (E.), tissus écrus,
r. du Sentier, 18.

Romiguière aîné, rubans, r. Verdelet, 8.

Ronzaud (A.), art. de Paris, boulevard St-
Martin, 4.

Roque, art. de Paris, r. du Four St-Ger-
main, 47.

Roques, art. pour le Mexique, boul. Montmartre, 14.

Rosa-Auzon et Ce, librairie espagnole, r. de
l'Abbaye, 9.

Rosenbaum, art. d'exportation, r. d'Enghien, 43.

Rosenthal et Dilsheimer, art. de Paris, r. de
l'Echiquier, 5.

Rosenwald aîné, art. de Paris, r. St-Martin,
147.

Rosset et Gayda, art. de Paris, r. Bourg-l'Abbé, 31.
Rossolin frères, quincail., r. de la Corderie du Temple, 1.
Roujon, art. de Paris, r. Vendôme, 13.
Roulez, jouets, r. du Temple, 40.
Roullet, art. divers, faub. Montmartre, 13.
Rousseau (H.), art. de Paris, r. d'Enghien, 7.
Routhier, art. de Paris, du Bouloy, 19.
Roux (B.), art. de Paris, r. d'Anjou (Marais), 13.
Royer (J.), art. d'exportation, r. des Marais du Temple, 29.
Ruaux et Tallon, fruits secs, r. de la Verrerie, 48.
Rumpe (Jean Gas.) et Ce, fabrique d'aiguilles, d'alènes et de dés à coudre, r. du Cloître St-Jacques, 8.
Rungaldier (J. A.), jouets et art. de Paris, r. Grenétat, passage St-Denis, 2.
Russias, art. nouveautés, r. St-Fiacre, 16.
Rutter (Ed.), vins et art. de Paris, r. Louis-le-Grand, 10.

S

Sabatié, droguerie, r. des Billettes, 20.
Sabouret, tapis, r. de Cléry, 9.
Sabran (V.) et G. Jessé, tissus, r. St-Joseph, 3.
Safont (M.) et Ce, art. divers, r. du Gros-Chenet, 4.
Saglier (V.), art. divers, r. Montmartre, 119.
Saint-Armand, droguerie, r. Ste-Croix-de-la-Bretonnerie, 3.
Saisset (P.), art. divers, r. de la Victoire, 6.
Saivres, peaux et gants, r. St-Denis, 258.
Salleron (M.), cartonnage, r. St-Martin, 253.

Salleron (L. B.), cartonnage, r. des Blancs-
Manteaux, 22.

Sallerin, taillanderie, r. Neuve Saint-Fran-
çois, 6.

Salmon, papeterie, r. des Marais du Temple, 44.

Samuel aîné, produits chimiques, r. Vieille
du Temple, 13.

Sancy (H.) et Cᵉ, art. de Paris, r. Neuve
Bourg-l'Abbé, 10.

Sandemoy aîné et l'Abbé, art. de Paris, r.
de la Tour, 8.

Sannejean et Bazaille, pelleterie, r. Michel-
le-Comte, 32.

Sanoner, jouets et art. de Paris, r. Grenétat, 6.

Sanoner neveu et Cᵉ, jouets d'enfants, r.
Chapon, 20.

Sargenton (J.) et fils, art. de Paris, boulev.
Bonne-Nouvelle, 25.

Saulnier et Bertrand, chaussures, r. du Renard-St-Sauveur, 7.

Sauvan (A.), huiles, r. Montmartre, 39.

Sauvignet fils, art. de Lyon et St-Etienne,
r. S.-Denis, 96.

Savoye frères, horlogerie, Grenelle Saint-Honoré, 29.

Say (Alfred) et Cᵉ, art. d'exportation, r.
d'Enghien, 30.

Schiltz frères (J. et A.), art. de Paris, r. Hauteville, 32.

Schloos, quincail., r. Portefoin, 12.

Schmidt et Jonghaus, représentants de fab.
d'Allemagne, d'Angleterre et de Belgique,
r. Hauteville, 34.

Schmitz frères, bijouterie et art. de Paris,
faub. St-Martin, 13.

Sehône (Charles) et Ce, nég. comm., r. Hauteville, 30.

Sciama, art. divers, r. Hauteville, 13.

Sèches (D. et Ch.), art. d'exportation, r. Hauteville, 33.

Selleron (E.), Delange et Ce, impressions, tissus, r. du Sentier, 20 bis.

Sencier et Belin, sucre, r. de la Corderie du Temple, 15.

Seris et Ce, art. d'exportation, r. Hauteville, 35.

Serres, art. divers, r. d'Enghien, 40.

Servatius (R.), jouets et art. de Paris, r. Grenétat, 25.

Seyer (A.), quincail., r. d'Orléans (Marais), 6.

Silvestre et Ce, soies, r. Meslay, 65.

Simon, art. de Paris, r. des Blancs-Manteaux, 29.

Simon (P.), successeur de Roulez et Simon, jouets d'enfants, r. Chapon, 13.

Simounet (Agt.), art. de Paris, faub. Poissonnière, 2.

Sisley (W.) et Ce, art. de Paris, passage Violet, 3.

Someiliana, art. de Paris, r. Portefoin, 19.

Sonis (J.), cuirs, r. Française, 8.

Souchier (P.), mercerie, r. St-Denis, 117.

Souillard (X.) et X. Leduc, sucre, r. de la Verrerie, 55.

Soulé-Limendoux (C.), art de Paris, r. des Marais du Temple, 25.

Soupault fils et Garnier, épicerie, r. de la Verrerie, 16.

Soupplet, fils aîné, mercerie, r. St-Denis, 186.

Souviel et Caron, art. divers, r. Vendôme, 14.

Soyez, calicots croisés, r. des Lavandières-Ste-Opportune, 22.

Storrow (C. W.), art. de Paris, faub. Pois-
sonnière, 19.
Strauss, librairie, r. des Fossés-St-Germain-
l'Auxerrois, 36.
Supplisson (E.), draperie, r. Bertin-Poirée,
11.
Surmont, tissus, r. du Sentier, 2.
Susse, art. divers, objets d'art, place de la
Bourse, 31.

T

Tachy (A.) et Cᵉ, mercerie, broderie, tapis-
serie, r. Dauphine, 30.
Talamont et Cᵉ, nouveautés pour habille-
ments d'hommes, r. Croix-des-Petits-
Champs, 37.
Tampied (Hte), art. de Paris, r. Hauteville, 19.
Tardif (Gustave et Anatole), denrées colonia-
les, r. Rambuteau, 28.
Tassy, vins, r. Trévise, 19.
Taveau et Duplan, suc. de Taveau frères,
bronze d'art, art. de Paris, r. St-Anas-
tase, 11.
Tavernier (Ch.) et Cᵉ, soieries, place des
Victoires, 5.
Teisset, art. de Paris, r. des Jeuneurs, 18.
Teissier, laines, r. de l'Echiquier, 38.
Terquem, huiles, r. du Vertbois, 15.
Testelin (E.), librairie, r. Richelieu, 67.
Texier (L.) et Camus, bronze et pendules,
r. d'Orléans (Marais), 5.
Thébault, droguerie, r. Bourtibourg, 14.
Theissen et Durr, art. de Paris, r. de la Vic-
toire, 6.
Thibault (Ch.), fournitures de bureaux, r.
Michel-le-Comte, 23.
Thibault, chapeaux de paille, r. du Mail, 3.
Thirion, art. de Paris, passage Violet, 8.

Thomassin (Eugène), quincail., boulev. St-Denis, 1.

Thomet (H.), miroiterie, art. de Picardie, r. Meslay, 4.

Tilemann (B. G.), mercerie, Neuve Bourg-l'Abbé, 8.

Toché, art. de Paris, r. de la Chaussée-d'Antin, 37.

Toy (W. E.), porcelaines, r. de la Chaussée-d'Antin, 19.

Tregent et Bougrand, bonneterie, r. des Mauvaises-Paroles, 9.

Tremblay, papeterie, r. Michel-le-Comte, 27.

Trilha (L.), art. de Paris, r. St-Fiacre, 18.

Trouet (A.), sellerie, r. Boucherat, 5 bis.

Troy et Cᵉ, art. divers, r. de l'Echiquier, 34.

Turpeau, art. de Paris, r. Chapon, 5.

V

Vacquaud (G.), art. d'Amiens, r. des Deux-Boules, 2.

Valant, papeterie, r. de Seine-St-Germain, 14 bis.

Valedi (J. B.), art. de Paris, r. Neuve-St-Martin, 12.

Valeri, art. divers, r. Meslay, 25.

Valestein et Cᵉ, art. de Paris pour Rio-Janeire, r. Grange-Batelière, 9.

Valibouze et Cᵉ, art. divers, r. Trévise, 19.

Valin (L.), laines, r. des Petites-Ecuries, 23.

Vallès, art. de Paris, faub. Poissonnière, 34.

Vallet et Cᵉ, mercerie, r. St-Denis, 144.

Vallet fils, bijou, r. d'Anjou (Marais), 13.

Valois jeune, art. divers, r. de l'Echiquier, 19.

Vandroogenbrœck (G.), bijou, r. Boucherat, 2.

Varez et Gauthrin, art. Paris, r. Fontaine-du-Temple, 18.

Varnier (A.), quincail., r. St-Denis, 213.

Vassal, cuirs, r. Française, 2.

Vazille (A.), art. de Paris, r. Saintonge, 11.

Verillon (E.), cuirs, Beaurepaire, 28.'

Vernhes (A.), art. de Paris, r. Paradis-Poissonnière, 37.

Veyret, Alcain et Cᵉ, art. de Paris, r. du Gros-Chenet, 8.

Vial, art. de Paris, r. Fossés-du-Temple, 4.

Viala, comestibles, du Gr.-Chantier, 1.

Vibert, mercerie, r. St-Denis, 148.

Videau et Coiffier, jouets et art. de Paris, r. du Cimetière St-Nicolas, 5.

Vidil (E.) et Hurel, ganteries, r. du Gros-Chenet, 3.

Vieira (M. J.), art. divers, r. d'Enghien, 9.

Vigier jeune, art. de Paris, r. du Bouloy, 10.

Vignon, art. de Paris, r. Bertin-Poirée, 22.

Viguier fils, toiles, r. des Mauvaises-Paroles, 18.

Vilain et Tousches, art. de Paris, r. d'Angoulême (du Temple), 6.

Vild et Cᵉ, chap. de paille, r. du Caire, 23.

Villaine (C.) et Cᵉ, produits chimiques, r. Hautefeuille, 9.

Villard, quincail., r. de Braque, 5.

Villemas (H.), art. de Paris, r. Ste-Appoline, 23.

Villette-Degardin, chapellerie, r. Rambuteau, 4.

Vion aîné, denrées coloniales, r. Vieille du Temple, 34.

Vogel (F.), art. d'exportation, r. de l'Echiquier, 34.

Voizot (E.), perles, art. de Paris, r. Bourg-l'Abbé, 34 (passage de l'Ancre).

Voyant, fournit. de tailleur et boutons, r. du Petit-Lion-St-Sauveur, 19.

W

Wachi (Paul), art. de Paris, r. St-Antoine, 132.

Wacrenier (H.), étoffes, place des Victoires, 6.

Wahl, art. de Paris, r. Ste-Appoline, 9.

Wallaere, farines, r. Grenelle-Saint-Honoré, 42.

Wallerstein et Ce, art. divers, r. Grange-Batelière, 9.

Warambon-Bernon, broderie, r. des Deux-Portes-St-Sauveur, 16.

Wasilewski (Jules), vin, r. de l'Échiquier, 24.

Wateau, porcelaines, art. de Paris, r. des Marais-du-Temple, 20 bis.

Weil (L.), soieries, r. Thévenot, 5.

Weiss (J. L.), art. divers, place de la Bourse, 4.

Weiss-Madol et Ce, art. de Paris, r. Neuve St-Nicolas, 14 bis.

Wertheimer fils, bijoux, r. des Blancs-Manteaux, 30.

Weygand (Auguste), art. de Paris, r. des Filles du Calvaire, 27.

Weysberg, art. d'Allemagne, r. Trévise, 5.

Wienrich (Ferdinand), art. de Paris, impasse Mazagran, 1.

Z

Zoutman (L.), papeterie, r. Saint-André-des-Arts, 41.

NOMS

DES

COMMISSIONNAIRES ET EXPORTATEURS DE PARIS

PAR SPÉCIALITÉS.

AGENTS, CONSIGNATAIRES,

REPRÉSENTANTS, DÉPOSITAIRES DES FABRIQUES.

Albitès (Aug.), seul dépôt des plumes métalliques de W. Mitchell's et art. anglais; M. Auguste Albitès représentant différentes maisons anglaises, r. d'Anjou (Marais) 8.

Ansley (Fred), seul dépositaire des aiguilles et hameçons de **M. Milward et fils** de Redditch (Angleterre), et seul dépositaire des fils à cordonniers et selliers de la fabrique de W. Ullathorne et C° de Londres (transit et exportation), r. du Temple, 36.

Barbey (Th.), nég. et consignataire de navires; maison au Havre; transit et commission, sous la raison : Th. Barbey, r. N.-D. des Victoires, 40.

Chamerlat fils, agent de fab. françaises et étrangères, r. d'Enghien, 5 bis.

Chatelain (L.), agent et dépositaire de fabriques françaises pour les articles de l'Aigle, Somme-Dieu, St-Chamond, Quevauvillers, Lille, St-Étienne, Rugles, Metz, etc., r. Mauconseil, 14.

Fontaine (E.), représentant de fabriques de Saint-Étienne et de Suisse, r. Montmartre, 130.

Gauthier de Latouche, vins, représentant d'une société de Bordeaux, r. Choiseul, 2.

Gavoty (Hte), représentant de diverses fabriques, r. d'Enghein, 40.

Hunt (Ch.), agent des fabriques françaises et étrangères; dépôt des tresses de paille d'Italie, suisse, anglaise et belge, et chapeaux de paille d'Italie pour hommes, r. de l'Échiquier, 28.

Ingelbach (F.), agent et dépositaire de fabriques d'Allemagne, aiguilles à coudre, rubans de fil et mérinos, art. de Nuremberg et de Saxe, dépôt de pierres d'agates, glaces, or faux en feuilles et en poudre, cour des Miracles, 8.

Jobert aîné, représentant des fabriques, r. Neuve-St-Eustache, 39.

Langlois (A.), agent de fabriques françaises et étrangères pour le commerce de transit et d'exportation, représentant plus spécialement les fabriques de Roubaix, Lille et Turcoing, passage Saulnier, 7.

L'Hote (A.), nouveautés, représentant de la maison Candy de Londres, r. Hauteville, 11.

Maupetit (C.) jeune, représentant de fabr. franç. et étrangères, r. de l'Échiquier, 26.

Mayor (J.), représentant des fabriques suisses, vins de Bordeaux en cercles et en bouteilles, caves à l'entrepôt général des vins, r. Paradis-Poissonnière, 48.

Prevost (A.) fils et C°, banque et recouvrement, r. St-Fiacre, 3.

Riedl et Helwerth, (H.), nég. commiss., représentants de fab. d'Allemagne et d'Angleter., r. d'Enghien, 39, et r. de l'Échiquier, 36.

Schmidt et Jonghaus, représentants de fabri-

briques d'Allemagne, d'Angleterre et de
Belgique, r. Hauteville, 34.

AMEUBLEMENTS ET TAPISSERIES.

Advenel et Simon, meubles, r. d'Orléans,
Marais, 5.

Auzolle jeune et Chatelain, pendules, meubles, art. divers, r. St-Louis, Marais, 16.

Bachelet (J.), meubles, place Royale, 18.

Bonneau (A.), meubles, r. St-Antoine, 159.

Brunet (J.) et Ce, siége en tout genre, fauteuil-chaise, canapé, tête-à-tête, divan,
commiss. export. pour meubles et articles
de tapisserie, r. des Fossés-du-Temple, 6,
boulev. des Filles-du-Calvaire.

Dogier et Passemard, meubles et siéges, r.
Vieille-du-Temple, 126.

Frequant (E.) et Ch. Petitpont, meubles et
siéges, r. Torigny, 8.

Lefèvre (Alph.) et Chevalier, ameublement,
r. Neuve-St-Nicolas, 32.

Lheurin-Meynard, ameublement, boulev. des
Italiens, 19.

Marchand (A.), meubles, siéges, passementerie et glaces, spécialité pour les tapissiers, et marchand de meubles, près le boulevard Beaumarchais et la place de la Bastille, r. Neuve-St-Gilles, 8.

Osmon, tapisserie, r. du Faubourg-St-Antoine, 28 bis.

Pasquier (Emile), meubles, r. Meslay, 35.

Rolland, meubles, r. Culture-Sainte-Catherine, 52.

Sabouret, tapis de tous genres et couvertures,
laine, coton et autres, r. de Cléry, 9.

ARMES.

Auger et Ce, armes pour l'exportation,

r. d'Enghien, 17.

Courvoisier, armes et quincaillerie, r. Culture-Ste-Catherine, 12.

Dardespine (A.) frères, armes (cour des Petites Écuries, 22), r. d'Enghien, 18.

Dutilloy et Faultes (Ad.), armes, r. d'Enghien, 19.

Gunther et Pirlot, armes et art. de Paris, r. du Faubourg St-Martin, 82.

Lepage frères, armes, r. Bourg-l'Abbé, 22.

ARTICLE DE PARIS.

Aaron, art. de Paris, r. Saint-Roch Poissonnière, 4.

Ahrenfeld, art. de Paris pour la Martinique, faub. St-Denis, 99.

Albert, art. de Paris, r. de Mulhouse, 13.

Allain et Cᵉ, art. de Paris, r. d'Enghien, 32.

Allamand et Hersent, art. de Paris, r. Thévenot, 24.

Allen-Hazen et Cᵉ, art. de Paris, r. Hauteville, 35.

Amourous (J.), art. de Paris, r. Ste-Apolline, 7.

Amy frères, art. de Paris, r. de la Corderie du Temple, 21.

André (P. F.), art. de Paris, r. des Fossés du Temple, 30.

Ané fils, art. de Paris, r. Portefoin, 17.

Anrès, Taperin et Creton, art. de Paris et de Lyon, r. de Cléry, 9.

Archinard-Bovy (L.), art. de Paris, r. Sainte-Apolline, 9.

Arnstein (Henri), art. de Paris, exportation pour la Russie, r. Montholon, 24.

Aubert et Cᵉ, art. de Paris, r. Pavée au Marais, 24.

Audoin (L.), art. de Paris et registres, r. de l'Aiguillerie, 6.

Avrial, frères, art. de Paris, r. Bergère, 7.

Becker et Grousselle, art. de Paris, r. Portefoin, 15.

Belingard jeune (Isidore), art. de Paris, r. Thévenot, 8.

Bellemois (Das.), art. de Paris, r. Bourbon-Villeneuve, 7.

Berens-Blumberg et Cᵉ, art. de Paris, r. de Bondy, 60.

Bernard (C.), art. de Paris, r. de Bondy, 16.

Berry, art. de Paris, boulev. Poissonnière, 24.

Bertin et Albaret fils, art. de Paris, nouveautés, r. Bourbon-Villeneuve, 37.

Bertrand (A.), art. de Paris, r. Mazagran, 9.

Beuscher, art. de Paris, r. Notre-Dame de Nazareth, 12.

Bigarel aîné, art. de Paris, r. Mauconseil, 20.

Billard (A.), art. de Paris, faubourg Poissonnière, 32.

Bing jeune et Cᵉ, commiss. en articles de Paris, spécialité d'horlogerie, r. Portefoin, 6.

Block (D. G.) et Cᵉ, comm. en marchandises, art. de Paris, r. de Bondy, 50.

Boensch (P.), art. de Paris, r. Bleue, 17.

Boisgaultier frères (H.) et Cᵉ, art. de Paris, r. des Petites-Écuries, 8.

Bonvallet (vᵉ et fils frères, art. de Paris, r. St-Louis au Marais, 29.

Bordes (Victor) aîné, jouets et art. de Paris, r. de Braque, 2.

Bossi, nouveautés et art. de Paris, r. des Jeûneurs, 8.

Botella, art. de Paris, r. Basse du Rempart, 38 (passage Cendrié.)

Bouchet frères, art. de Paris, r. du Temple, 63.

Bouchot et Nève, nég. commiss. de tous les articles de Paris, fabr. de passementerie, fournisseurs du garde-meuble de la couronne, r. St-Honoré, 71.

Bougleux (A.) et C⁰, art. de Paris, r. Neuve St-Augustin, 18.

Boulanger (Ch.) et C⁰, art. de Paris, r. Hauteville, 52.

Bourgoin fils (F. P.), art. de Paris, r. J. J. Rousseau, 20.

Bouyer, soieries et art. de Paris, r. Neuve St-Eustache, 17.

Boyer (E.), art. de Paris, r. Notre-Dame de Nazareth, 9.

Brebam (A.), art. de Paris, r. du Croissant, 10.

Bretocq (A.) et C⁰, art. de Paris; commission, achats et ventes pour la France et l'étranger; — maison à Dunkerke (Nord), sous la raison Bretocq, Perot et Humoir, cité Trévise, 20.

Brière (J.), art. de Paris, r. du Petit-Lion Saint-Sauveur, 13.

Broleman et C⁰, Gubiant, représentant, art. de Paris, boulevard Bonne-Nouvelle, 28.

Brunnarius (C. R.), art. de Paris, r. Vendôme, 9.

Bucaille (Léon), art. de Paris, r. d'Enghien, 6.

Buhot, Bouland et C⁰, art. de Paris p. New-York, r. Neuve Ménilmontant, 2.

Chambon (Ach.) et C⁰, art. de Paris et d'Espagne, r. Hauteville, 51.

Chatel jeune, art. de Paris, lampes, bronzes, pendules, compositions, objets d'art et porcelaines, r. des Trois-Pavillons, 18.

Chavagnat (E.), art. de Paris, boulevard Bonne-Nouvelle, 25.

Chéron fils frères et Cᵉ, art. de Paris, r. Bergère, 21.

Chevalier (F.), art. de Paris, r. des Francs-Bourgeois, 25.

Chippron (J. G.), étoffes et art. de Paris, r. de Lancry, 6.

Clément (A.), art. de Paris et chapeaux de paille, r. du Caire, 28.

Colvill et Fleming, art. de Paris, r. Neuve St-Nicolas, 24.

Cornillau (Ernest), art. de Paris et mercerie à commission, r. Montmorency, 1.

Correia (J. L.), art. de Paris, r. Trévise, 11.

Couriot, Gallet et Lefevbre, art. de Paris, r. de la Vieille-Monnaie, 22.

Croizat (J. M.), art. de Paris, r. Meslay, 42.

Cruet (A.) et Lundquist, art. de Paris, quai Jemmapes, 110.

Cusinberche fils, droguerie, art. de Paris, r. Barbette, 6.

Daireaux (F.) et Cᵉ, art. Paris, pass. Violet, 4.

Deharambure, art. de Paris, r. St-Denis, 166.

Delachaussé (C.), art. de Paris, r. Vieille du Temple, 123.

Delaroche (F.) et Cᵒ, art. de Paris, entrepôt d'éther sulfurique, r. Vendôme, 9.

Delaval et Maresquelle, art. de Paris, r. Chapon, 16.

Dell'Oro, art. de Paris, r. Rambuteau, 17.

Denizart (Ch.), art. de Paris, r. du Petit-Lion Saint-Sauveur, 17.

Deraismes (H.), et Dumoulin, art. de Paris, r. Portefoin, 9.

Deraismes et Boizard, art. de Paris, r. Boucherat, 32.

Desfosses, art. de Paris, r. de la Corderie du Temple, 13.

Desmarais frères, art. de Paris, Brésil et Portugal, maison à Rio-Janeiro, r. Notre-Dame de Nazareth, 8.

Desprez, art. de Paris, faub. St-Martin, 174.

Dettelbacher, art. de Paris, r. Neuve Saint-Martin, 27.

Dhertmanni, art. de Paris, r. des Quatre-Fils, 4.

Didier, Colombier et C⁰, art. de Paris, passage Saulnier, 11.

Domecq (D.), art. de Paris, cité Trévise, 6.

Dorval (J. B.), art. de Paris, porcelaines et fantaisie, r. du Grand-Chantier, 14.

Double fʳᵉˢ, art. divers, r. de l'Echiquier, 12:

Douchain, art. de Paris, r. de Poitou, 29.

Druenne, art. de Paris, r. Neuve St-Martin, 12.

Dubourcq (J. S.), art. de Paris, r. de Braque, 6.

Dubrusle (J.), art. de Paris, r. des Jeûneurs, 20.

Duchamp et Warée, art. de Paris, r. Saintonge, 11.

Duchemin-Ducasse et Cᵉ, art. de Paris, r. Thévenot, 15 bis.

Dufour, art. de Paris, r. Portefoin, 11.

Dufour-Chabrol, art. de Paris, r. de Bondy, 70.

Dujardin, art. de Paris pour Cartagène, r. de Bondy, 26.

Dumas (Barthélemy), art. de Paris, maison à Constantinople, r. d'Orléans au Marais, 5.

Dumont, art. de Paris, jouets, r. Pastourelle, 12.

Dunaud (T.) et Louis Porlier, art. de Paris, r. Fontaine du Temple, 18.

Emmel (Henri), art. de Paris, r. de Lancry, 6.

Engler, art. de Paris, cité Bergère, 10.

Enoch (S.) et Cᵉ, art. de Paris, r. des Marais du Temple, 29 bis.

4.

Esch (Hermann), art. de Paris, r. Chapon, 5.

Fabre et Sales, art. de Paris, r. de Bondy, 42.

Faucon (A.) et Ce, art. de Paris, r. Vieille du Temple, 126.

Fauconnier, art. de Paris, r. Meslay, 30.

Feugas jeune, art. de Paris, r. Notre-Dame de Nazareth, 8.

Flobert (J.), art. de Paris, exportation, r. des Filles du Calvaire, 27.

Foucault, art. de Paris, r. Neuve Saint-Martin, 12.

Fourquet (B.), art. de Paris, r. Paradis Poissonnière, 32.

Gallay, Borel et Boyer, art. de Paris, r. du Temple, 63.

Gérard et Lucaze, art. de Paris, r. de Lancry, 17.

Geraud frères, art. de Paris, faub. Saint-Martin, 82.

Gerson frères et Ce, art. de Paris, r. des Petites-Ecuries, 51.

Gerson (Kauffmann), art. de Paris, r. Charlot au Marais, 39.

Gomez (G.), art. de Paris, r. Bergère, 7 bis.

Gries, art. de Paris, r. de la Lune, 37.

Groizillier (Léon), art. de Paris, faub. du Temple, 25.

Guérin de Foncin, art. de Paris, r. Paradis-Poissonnière, 12.

Hackenbroch, nég. commissionnaire en art. de Paris et nouveautés, r. Neuve Saint-Nicolas, 32.

Hahne (A.), jouets, nouveautés et art. de Paris, r. du Cadran, 14.

Haillot et Degardin, art. de Paris, r. Saintonge, 11.

Haraneder (P.), art. de Paris, r. Hauteville, 4.

Hartemann, art. de Paris, r. Bleue, 27.

Hayet aîné et frères, art. de Paris, r. Neuve Ménilmontant, 17.

Hefti (Oswald), art. de Paris, r. de l'Échiquier, 5.

Hemerdinger frères, art. de Paris, r. Grange aux Belles, 7 ter.

Hestrès aîné et Ce, art. de Paris, r. Mazagran, 6.

Honnegger (A.) et Ce, art. de Paris, r. d'Enghien, 22.

Howel et Salles, art. de Paris, r. Neuve St-Augustin, 3.

Hubert (P.-J.), art. de Paris, r. du Temple, 62.

Humbert frères, art. de Paris, r. du Cimetière Saint-Nicolas, 12.

Hunziker frères, nég. commissionnaires en art. de Paris, r. Ste-Apolline, 14 (boulevard St-Denis, 11).

Hurillon et Raulin, art. de Paris, r. Portefoin, 15.

Jacobsen (Henri), art. de Paris, faub. Poissonnière, 31.

Jaillet et Cassaigne, art. de Paris, r. Notre-Dame de Nazareth, 10.

Jartoux (A.), art. de Paris, r. Neuve Saint-Eustache, 45.

Jossier, quincaillerie et art. de Paris, r. des Trois-Pavillons, 3, au Marais.

Jourdain, art. de Paris, r. du Grand-Chantier, 14.

Julliany (B.) père et fils, art. de Paris, r. de Bondy, 19.

Kirk et Hogard, art. de Paris, r. Neuve St-Augustin, 10.

Krauss, art. de Paris, r. de l'Echiquier, 28.

Kulp frères, art. de Paris, r. de l'Echiquier, 15.

Labreuvoir et Damerat, art. de Paris, maison
à Rio-Janeiro, r. Chabrol, 42.

Lacombe (J. Ph.), commiss. dans tous les art.
de Paris, r. Hauteville, 61.

Lafarge, art. de Paris, r. Meslay, 30.

Lanseigne frères et Anger, laines, r. Hauteville, 48.

Lanterbach, art. de Paris, r. du Roi Doré, 8.

Lars-Jacobsen, art. de Paris, r. des Petites-Écuries, 44.

Lassalle et Cᵉ, art. de Paris, r. Louis-le-Grand, 35.

Laurant, art. de Paris, r. Chapon, 5.

Lecocq et Cᵉ, cuivre estampé et art. de Paris,
r. des Francs-Bourgeois, 14.

Lefebvre (F.), art. de Paris, r. St-Gilles, 18.

Legrand (Em.), art. de Paris, r. Paradis Poissonnière, 44.

Lehman (D.), nég. commissionnaire en nouveautés et art. de Paris, r. Hauteville, 49.

Lemaire-Daimé, art. de Paris, moules pour
faire des cigarilles, boul. Poissonnière, 4.

Lemoine, art. de Paris, r. du Perche, 7, au
Marais.

Lenoir-Puget et Cᵉ, art. de Paris, Rio-Janeiro, r. Geoffroi-Marie, 5.

Leorat (E.) et Ferrant, art. de Paris, r. de
l'Echiquier, 40.

Lescuyer, art. de Paris, r. de Bondy, 26.

Lesprut (P.) fils aîné et Rodriguès, art. de
Paris, r. Neuve St-Nicolas, 28 bis.

Leuba (A.) et Cᵉ, art. de Paris, r. d'Enghien, 10.

Leube et Hovyn, art. de Paris, r. Vendôme, 9.

Leveau, laitons, art. de Paris, r. St-Denis, 303.

Levieux (D.) fils, art. de Paris, r. Thévenot, 4.

Levillain frères (G. et E.), art. de Paris, mer-

cerie, quincaillerie, r. des Vieilles-Haudriettes, 3.

Liesching (L.), art. de Paris, boulevard
Bonne-Nouvelle, 28.

Liesse et Durand, art. de Paris, r. d'Anjou
au Marais, 6.

Lièvre (Alexandre), art. de Paris, r. des Bons-
Enfants, 23.

Limozin (H.), art. de Paris, r. de l'Echiquier, 15.

Lipman, art. de Paris et d'Allemagne, r. de
Poitou, 24.

Lonjon (Félix), art. de Paris, r. des Vieilles-
Haudriettes, 4.

Lucassen, art. de Paris, r. d'Enghien, 13.

Lucquin et Clara, art. de Paris, r. Vendôme, 9.

Lynen (A.), art. de Paris, r. Saint-Louis au
Marais, 16.

Lynen (Henri), art. de Paris, r. Hauteville, 42.

Magniole et Begule, art. de Paris, r. Meslay, 40.

Maillet père et fils, art. de Paris, r. Michel-
Lecomte, 21.

Manini (A.), art. de Paris, r. Hauteville, 55.

Marchand, fantaisie et art. de Paris, r. du
Grand-Chantier, 10.

Marc-Léod (John), art. de Paris, r. Mondovi, 2.

Marguerite, art. de Paris, r. Mauconseil, 12.

Mars (H.), art. de Paris, r. Bleue, 3.

Marx, art. de Paris, r. Saint-Roch Poissonnière, 6.

Mauclair, art. Paris, r. des Enfants-Rouges, 8.

Maurin (Ch.) et Cᵉ, art. Paris, r. de Bondy, 5.

Meunier (Louis), art. de Paris, r. Neuve St-
François, 12.

Meyer (Edouard), art. de Paris, r. des Marais
du Temple, 5 bis.

Morand et Trocque, art. de Paris, r. Saint-Magloire, 2.

Navrancourt, art. de Paris, r. Portefoin, 4.

Nicolaï, art. de Paris, faub. Saint-Denis, 90.

Niquet (F.) et Chatard, art. de Paris, boulevard Poissonnière, 14.

Nunez, art. Paris, r. Chauchat, 2 bis.

Olivier et Personnaz, tous art. de Paris; maison à Lyon et à Bayonne, r. Hauteville, 52.

Oppeinheimer, art. Paris, r. Vendôme, 25.

Orbelin (P.), art. Paris, r. de l'Échiquier, 15.

Osmont, art. de Paris, r. de Lancry, 6.

Paillard frères (E. et A.), horlogerie en tous genres (maison à Ste-Croix, Suisse), rue Mandar, 4.

Paillard (V.) jeune, quincaillerie et art. de Paris, r. Charlot au Marais, 8.

Panier et Paillard, art. de Paris, et de bureaux, r. Vieille du Temple, 75.

Passot, art. de Paris, r. de la Perle, 12.

Perraud jeune, jouets et art. Paris, r. d'Anjou au Marais, 19.

Petit (J.), art. de Paris, r. Meslay, 24.

Philippe-Schloss, se charge de l'achat par commission de tous les art. de Paris et autres fab. françaises, r. Ste-Apolline, 13.

Picard et Berlyn, commissionnaires en art. de Paris; maison r. Thévenot, 23; dépôt pour le papier ciré, r. St-Martin, 114.

Pelletreau (Jules), art. de Paris, faub. Poissonnière, 54.

Poirier frères, art. de Paris, r. de Bondy, 18.

Poisson (Jules), art. de Paris, r. du Grand-Chantier, 1.

Ponti frères, art. de Paris, r. Meslay, 24.

Potonié (D.) et Cᵉ, art. de Paris, exporta-

tion pour la Chine, r. Neuve Saint-Fran-
çois, 5.

Pouille, art. de Paris et fab. de lampes, r.
Royale St-Martin, 2.

Poulet, art. de Paris, boulevard Bonne-Nouvelle, 8.

Poullain frères, art. de Paris, r. d'Enghien, 22.

Ratier (Gve), art. Paris, r. du Mail, 5.

Récart (U.) et Cᵉ, art. de Paris, impasse Mazagran, 1.

Renaldy, bijouterie et art. de Paris, r. des
Marais du Temple, 49.

Ribot (A.), art. de Paris, r. St-Denis, 208.

Richter et Hagdorn, art. de Paris, r. Sainte-
Apolline, 15.

Riquier, art. Paris, r. Grange-aux-Belles, 2.

Robert (D.) art. de Paris, r. Chapon, 16.

Roche (Vᵉ) et Fayet, art. de Paris, r. du
Grand-Chantier, 4.

Rodolphe Zôhls, art. de Paris ; exportation
pour l'étranger, impasse Mazagran, 8.

Rodriguez et Siégel, art. de Paris, faub. Poissonnière, 40 bis.

Ronzaud (A.) art. de Paris, boulevard Saint-
Martin, 4.

Roque, art. de Paris, r. du Four Saint-Germain, 47.

Rosenthal et Dilsheimer, art. de Paris, nouveautés, r. de l'Echiquier, 5.

Rosenwald aîné, art. de Paris, r. Saint-Martin, 147.

Roujon, art. de Paris, r. Vendôme, 13.

Rousseau (H.), art. de Paris pour les colonies, r. d'Enghien, 7.

Routhier, art. Paris, r. du Bouloy, 19.

Roux (B.), art. de Paris et boutons, r. d'Anjou au Marais, 13.

Salleron (L. B.), cartonnage fin, r. des Blancs-Manteaux, 22.

Salleron (Maxime), cartonnage, r. Saint-Martin, 253.

Sancy (H.) et Ce, art. de Paris, r. Neuve Bourg-l'Abbé, 10.

Sandemoy aîné et l'Abbé, r. de la Tour, 8. (Faub. du Temple.)

Sanoner, jouets et art. Paris, r. Grenetat, 6.

Sargenton (J.) et Fils, art. de Paris, boulevard Bonne-Nouvelle, 25.

Schiltz frères (J. et A.), art. de Paris, r. Hauteville, 32.

Simon, art. Paris, r. des Blancs-Manteaux, 29.

Simounet (Agt.), art. de Paris, faub. Poissonnière, 2.

Sisley (W.) et Ce, art. de Paris, pass. Violet, 3.

Somigliana, art. de Paris, r. Portefoin, 19.

Soulé-Limendoux (C.), art. de Paris, r. des Marais du Temple, 25.

Storrow (C. W.), art. de Paris pour l'Amérique, faub. Poissonnière, 19.

Tampied (Hte), art. Paris, r. Hauteville, 19.

Teisset, art. Paris, r. des Jeuneurs, 18.

Thirion, art. de Paris, passage Violet, 8.

Toché, art. de Paris, r. de la Chaussée-d'Antin, 37.

Trilha (Léop.), art. de Paris et nouveautés, r. St-Fiacre, 18.

Turpeau, art. de Paris, r. Chapon, 5.

Valedi (J. B.), art. de Paris, r. Neuve Saint-Nicolas, 12.

Valestein et Ce, art. de Paris pour Rio-Janeiro, r. Grange-Batelière, 9.

Vallès, art. Paris, faub. Poissonnière, 34.

Volois jeune, art. divers, r. de l'Echiquier, 19.

Varez et Gauthrin, art. Paris, r. Fontaine du Temple, 18.

Vazillé (A.), art. de Paris, r. Saintonge, 11.

Vernhes (A.), art. de Paris, r. Paradis Poissonnière, 37.

Veyret, Alcain et Cᵉ, art. de Paris, r. du Gros-Chenet, 8.

Vial, art. Paris, r. des Fossés-du-Temple, 4.

Vigier jeune, art. Paris, r. du Bouloy, 10.

Vignon, art. Paris, r. Bertin-Poirée, 22.

Vlain et Tousche, art. de Paris, r. d'Angoulême du Temple, 6.

Villemas (H.), art. de Paris, r. Sainte-Apolline, 23.

Wachi (Paul), art. de Paris en tous genres, parfumerie, laines et soies à broder, et tout ce qui concerne l'ouvrage des dames, r. St-Antoine, 132.

Wahl, art. Paris, r. Ste-Apolline, 9.

Wallerstein et Cᵉ, art. divers, r. Grange-Batelière, 9.

Wateau, porcelaines, art. de Paris, r. des Marais du Temple, 20 bis.

Weiss-Madol et Cᵉ, art. de Paris, r. Neuve Saint-Nicolas, 14 bis.

Weygand (Auguste), bronze et art. de Paris, r. des Filles du Calvaire, 27.

Wienrich (Ferdinand), art. de Paris, impasse Mazagran, 1.

ARTICLES DIVERS.

Adour (J. P.) et Cᵉ, achats à la commission pour les Amériques du Sud et pour leur maison, à Fernambouc, r. des Petites-Ecuries, 39 bis.

Albrecht (Robert), art. divers, r. de l'Echiquier, 36.

Almosnino (M.), art. divers, r. Thévenot, 15 bis.

Arnault aîné, fab. considérable de tissus de bretelles et bretelles confectionnées, filature de caoutchouc, spécialité pour l'exportation ; maison à Rouen, r. des Marais-St-Martin, 74.

Aubry (Ch.), art. divers, r. de l'Échiquier, 44.

Augu (Alex.), dépôt d'art. d'Allemagne, pipes, tabatières, ambre, perles et pierreries, r. Neuve-Bourg-l'Abbé, 4.

Baboneau (Auguste), achats pour l'Inde et l'Afrique, boulev. Bonnne-Nouvelle, 10.

Bachardon, art. divers, r. Hauteville, 47.

Basquin Aries et Sempé, exportation, maison à la Martinique, r. d'Enghien, 17.

Bassoulet (J.), art. divers, r. du Petit-Carreau, 30.

Bastian (F.), exportation pour la Russie et l'Allemagne ; dépôt d'allumettes chimiques, cylindriques et inexplosibles, r. Montholon, 24.

Bauval, art. divers, r. St-Joseph, 10.

Bellet (A.) et Th. Canonville, art. divers d'exportation, r. Grange-Batelière, 18.

Bernus (J. Aug.), art. d'exportation, r. St-Fiacre, 1.

Besuchet (L.) et Cᵉ, art. divers, r. St-Fiacre, 20.

Blève, cuivre estampé, r. de Bondy, 48.

Blanquet (F. X.), commissionnaire en marchandises pour l'étranger, principalement pour l'Espagne, r. Nve-St-Nicolas, 12.

Bongrand et Jacquet, commissionnaires en tous genres, vente de brevets.

A Londres, 11, Queen street Cheapside.

Rue des Petites-Ecuries, 8.

Bouge (Th.), art. d'exportation, r. Vieille-du-Temple, 124.

Boulard, art. divers, perles, r. St-Martin, 257.

Bourgade, commiss. des courriers de Forbach, Metz, Châlons-sur-Marne et la route de Francfort, r. J.-J. Rousseau, 17.

Bousson, art. divers, r. St-Martin, 87.

Brandes, art. divers, r. des Fossés-Montmartre, 6.

Brelav frères, art. divers, r. des Jeûneurs, 9 bis.

Brisset (B.), art. divers, r. St-Joseph, 3.

Brochery, art. divers d'exportation, r. de l'Echiquier, 23.

Bruel, art. divers, r. du Faubourg-St-Martin, 99.

Busquet (A.) et Ce, art. divers, r. St-Joseph, 10.

Cabrié jeune, art. divers, r. Nve-St-Nicolas, 24.

Carez (L.) et Vacossin, art. divers, exportation, r. de Valois 8, (Palais-Royal).

Caulle (P.), art. d'exportation, r. St-Sébastien, 50.

Chanvin, spécialité pour les confiseurs, r. des Francs-Bourgeois, 14.

Chapuis (Edouard), achats de tous articles pour les colonies ; dépôt de creusets et briques infusibles de Deyeux-Gabre et Ce, r. du Faubourg-St-Denis, 82.

Claude (H. A.), art. divers, r. Samson, 5.

Collet, fab. de mesures métriques françaises et étrangères pour tailleurs, seul dépôt général de mesures imperméables. Breveté s. g. du gouv., fait le maroquin, soie et fil, boîtes à ressort, nacre, ivoire, palissandre et buis, décamètres de toutes dimensions, r. St-Martin, 257.

Colliard (Félix), art. divers, r. de l'Echiquier, 36.

Collombel, éponges, r. Mauconseil, 12.

Combaluzier, art. divers pour l'exportation, r. des Jeûneurs, 6.

Convert et Berton, dépôt spécial de peignes et tabletterie en tous genres, des fabriques de St-Claude et d'Oyonnax, pour la France et l'exportation, r. Mondétour, 35.

Corriol (A. F.), art. divers d'exportation, r. du Gindre, 5.

Crépelle, manuf. de boutons d'uniforme et de fantaisie p. la France et l'étranger, notamment boutons militaires pour l'Amérique du Sud, r. des Vieilles-Etuves-Saint-Martin, 4. (Entrée du magas., r. Rambuteau, 57.)

Crouan, art. pour le Brésil, r. Saintonge, 40.

Cuvellier (C.), art. divers, quai Jemmapes, 154.

Daigremont, toiles vernies, r. du Sentier, 15.

Dalsace (S.), brosserie, r. Montmorency, 3.

Daudré (F. Ch.), art. pour l'exportation, r. Montmartre, 169.

David (Ernest) et Cᵉ, pipes, r. Nve-Bourg-l'Abbé, 11.

De Baecque (Th.) et Cᵉ, nég. commiss. r. des Jeûneurs. 14.

Debbeld et Fischer, négociants, commissionnaires, art. d'Allemagne, r. de l'Echiquier, 34.

Deconchy, marbres, r. du Faubourg-Saint-Martin, 126.

Dejardin (J.) et Desèvre (A.), art. divers p. Haïti, r. du Sentier, 18.

Delarue (Th.) et Ce, art. divers, r. d'Enghien, 34.

Denison, art. divers pour les Etats-Unis, r. Saint-Honoré, 286.

Desbordes (J.) fils, ganterie, commission en peausserie, r. Mauconseil, 18.

Desbordes et Baudinot aîné, art. divers pour Rio-Janeiro, r. Samson, 3.

Descombes, art. divers, r. Richer, 27 bis.

Desrieux, art. divers pour l'île Bourbon, r, Grange-Batellière, 11.

Devolué et Meuron, art. divers, r. du Faubourg-St-Denis, 43.

Dietze, art. divers, r. des Vieux-Augustins, 40.

Draper et Ce, comm. pour l'Amérique, r. Hauteville, 30.

Drevet Cousins, art. divers, r. d'Enghien, 24.

Drin, cuivre estampé, r. de Choiseul, 8.

Duceux-Daboval et Roche, art. divers d'exportation, r. des Petites-Ecuries, 47.

Dufour et Denisane, art. divers, commissionnaire; maison à Rio-Janeiro, r. Hauteville, 44.

Dumanoir et Ce, bois des îles, r. des Blancs-Manteaux, 30.

Dupuis (J.) et Halphen (L.), consignation et art. divers, r. d'Enghien. 32.

Duval fils, brosserie, r. Saint-Denis, 94.

Eudes aîné, commis. pour tout ce qui concerne les fumeurs et les priseurs, tels que pipes et tabatières, etc. Entrepôt de pipes belges, marquées au tuyau *Van-Dero*, à Gand, et *Wyckaert*, à Bruxelles, r. Saintonge, 11 et 13.

Fableguettes (Eug.), fils et Morra, art. divers, r. de l'Echiquier, 44.

Falanga (A.), art. divers, r. des Martyrs, 21.

Fay (J.) et Cᵉ, art. divers, r. Trévise, 9.

Ferron et Balen, commissionnaires en marchandises ; maison à Bogota (Nouvelle-Grenade), r. Nve-St-Nicolas, 22 bis.

Flaxland (Edouard), art. divers, r. des Petites-Ecuries, 38.

Flous et Bruzon (Jh.), commissionnaires et expéditeurs en transit pour la Péninsule ; maison à Bayonne, r. de l'Echiquier, 38.

Fournier (Armand), art. divers, r. de l'Echiquier, 38.

Fourques (R.), tissus et art. divers, r. des Jeûneurs, 15.

Fox (Ch.), art. divers, r. des Fossés-du-Temple, 68.

Friedner (Ferd.), art. divers d'exportation, r. Hauteville, 35.

Gamard et Colliau (V. F.), fil de fer à cardes, à laminer ; pointes de Paris ; tréfilerie de toutes espèces de fils de fer, cour des Petites-Ecuries, 10 bis (faubourg St-Denis).

Gandin (Ch.) et Orengo, daguerréotype, r. de la Vieille Monnaie, 11.

Gardère (E.), art. divers, r. de l'Echiquier, 21.

Fardien et Cheron, art. divers, r. Culture-Ste-Catherine, 42.

Gaultier (Gustave), cordes harmoniques et art. de Paris, r. St-Denis, 374.

Girardeau et Pauchet, exportation pour l'Amérique, r. d'Enghien, 6.

Glénard (F.) et S. Deshouille, art. étrangers et français, cité Trévise, 5.

Gœr (Hte de), art. divers, r. d'Enghien, 10.

Gonnot, art. divers, r. des Vieux-Augustins, 27.

Gourdin, éponges et perles, r. Bourg-l'Abbé, 22.

Graetzer et Hermann, nég., commiss. r. de l'Echiquier, 11.

Grancourt, commiss. en tous genres, r. du Temple, 22, (et r. St-Denis, 24).

Grangé, art. divers, r. du Faubourg-St-Martin, 84.

Greer, perles, r. St-Martin, 196.

Grosholz (Ph.), art. divers pour la Russie et les Etats-Unis, r. Mazagran, 3.

Guenet, art. divers, r. Grange-Batelière, 22.

Guibert (J.), art. divers, r. Montmartre, 148.

Gonnet frères et Cᵉ, peaux et gants, r. Thévenot, 24.

Hache (A.) et Cᵉ, art. divers, r. de Lancry, 22.

Hayem, art. divers, boulev. St-Denis, 24.

Helie (S. N.), art. divers, r. Pigale, 19.

Hendle et Cᵉ, commiss. en marchandises, art. divers, r. d'Enghien, 6.

Hervy, manufacture générale de boutons d'os à quatre et cinq trous en chapelets, sur cartes et en boîtes (machines à vapeur, 19, r. des Amandiers-Popincourt), r. Rambuteau, 64.

Hesse fils, boutons, r. St-Denis, 266.

Heuzé frères, art. divers pour l'Amérique, r. d'Enghien, 34.

Immerwahr (H.), négociant commiss., r. de l'Echiquier, 16.

Jager Schmidt (G.), art. divers, r. d'Enghien, 26.

Janvier jeune, art. divers, boulevard Saint-Martin, 31.

Jaubert (Remi), art. divers, r. de Grenelle-St-Honoré, 33.

Jouin jeune et Camus aîné, art. divers, boulevard St-Denis, 12.

Kervoyen, art. divers, r. du Helder, 11.

Laîné (Napoléon), art. divers, r. Mazagran, 9.

Lamare et Vanbonn, art. divers (18, passage des Petites-Ecuries, faubourg St-Denis), r. d'Enghien, 18.

Lambert et Dalboussière, exportation pour l'Amérique, r. Hauteville, 28.

Lane Lamson et Ce, art. divers d'exportation, r. de la Victoire, 4.

Larrouy et Baillieux, art. divers, r. des Marais-du-Temple, 13.

Lasalle-Rey et Ce, à Rio-Janeiro, r. Thévenot, 15.

Leblois (Victor), art. divers, r. du Helder, 12 bis.

Legrand, art. pour l'armée, r. Fontaine-Molière, 19.

Lemaire (A.), succ. de Labey frères, fab. d'ornements d'ameublement, de toiles cirées, commiss. en quincaillerie et art. de Paris, place du Caire, 2.

Leplat, art. de sainteté, r. St-Denis, 206.

Letailleur (N.), seul propriétaire de la manufacture de plumes d'acier, fabrique de boutons, dépôt d'aiguilles anglaises, r. Mauconseil, 18.

Letieuvent et Thomas, art. de St-Claude, r. St-Martin, 161.

Leunensehloss (Math.), grande fabrique de tissus pour bretelles, de passementerie et nouveautés pour métier mécanique. Bretelles et jarretières confectiennées depuis les plus ord. jusqu'au plus fines. Fab. en province pour les art. très-ord. Agent de diverses fabriques d'Autriche, d'Angleterre, Bavière, Bohême, Prusse, Saxe, Suisse, pour les art. de quincaillerie, mercerie et étoffes pour l'exp., r. de la Fidélité, 15.

Lezer, art. divers, porcelaine, boulevard St-Martin, 17.

Lorne et Frois, art. divers, r. d'Enghien, 5 bis.

Marc Weinschenk, manufac. des glaces d'Allemagne (maison à Furth, près Nuremberg), glaces étamées, or fauv., papier doré, crayons. ardoises encadrées, lunettes, boîtes de couleurs, veilleuses, billes, poupées, guimbardes, tabatières. Dépôt des plumes métalliques, expédi. en transit, r. Montmorency, 7.

Masson (F.), achat à commission p. la France et les colonies, r. de l'Echiquier, 36.

Mathorel, art. divers, r. des Vieux-Augustins, 40.

Mazet (Clément), fourniture de parapluie et art. de Paris, r. Borda. 3.

Mitjans Villalaz et Cᵉ, export. Amérique, r. Hauteville, 30.

Mogis (A.), verroterie de Venise et de Bohême, tabatières. d'Ecosse et de Brunswick, sacs et bourses en perles, commiss. en tous genres, et exportation, r. Bourg-l'Abbé, 50.

Moitessier fils, négociant, commission, r. de l'Echiquier, 31.

Molteni et Cᵉ, instruments de mathématique et de marine, r. Nve-St-Nicolas, 30.

Mondan jeune, pipes et tabatières, r. Neuve-
St-Méry, 27.

Mullot, commiss. en marchandises diverses
et consignations de navires, r. de l'Echiquier, 26.

Muller fils et Ce, art. divers, r. du Faubourg-
St-Martin, 115.

Munroé (John) et Ce, exportation pour l'A-
mérique, r. Hauteville, 24.

Naury (J. B.), art. divers, r. du Faubourg-
du-Temple, 48.

Neville (Frédéric), ganteries, r. Hauteville, 3.

Nogaro (Théophile), art. divers d'exportation,
r. d'Enghien, 34 bis.

Noirot et Badois, carrières et métaux, r.
Mauconseil, 18.

Oller, Chatart et Pattey, art. divers, r. Hauteville, 61.

Olivetti (Raphaël), banque et art. divers, r.
Laffitte, 1.

Pahschk (J.) et Ce, bronze en poudre, or
faux, battu, outre-mer, houblons et art.
d'Angleterre, couleurs en divers genres,
commiss. en général;

A Londres, 4, John street Crutched friars,
r. des Petites-Ecuries, 24 bis.

Pajot, pianos, r. Basse-du-Rempart, 48 ter.

Parisot (Eugène), art. d'exportation, r. St-
Fiacre, 7.

Parker, art. pour l'Angleterre, boulevard des
Capucines, 29.

Patto (Henri), exportation pour l'Amérique,
r. Paradis-Poissonnière, 50.

Paya, art. divers d'exportation, r. Hauteville, 34.

Pellerin, fab. breveté de mélophones, et orgues expressives; commiss. pour les objets

relatifs aux instruments et à la musique,
r. Vivienne, 10.

Pissin (E.), éponges, r. Mauconseil, 18.

Pitrat (C. M.), art. divers, r. d'Enghien,
32 bis.

Poirot (D.), orgues et instruments. r. Saint-
Denis, 374.

Prudhomme (A.), étoffes, art. de Paris, r.
Tiquetonne, 14.

Reynaud (L.) et C°, art. divers, r. Neuve-
St-Nicolas, 20.

Ractivand (G.), produits du Levant, r. Mazagran, 10 bis.

Ravelet, boutons, aiguilles et soie, r. du
Grand-Chantier, 5.

Ricou et Gerdret, art. divers, r. Martel, 10.

Risler Heilmann, machines pour filature, tis-
sage et impressions, dépôt des objectifs de
Voigtlaender et fils de Vienne, passage
Saulnier, 6.

Rodel et C°, art. divers, r. de la Victoire, 6.

Roques, curiosité, art. pour le Mexique,
boulevard Montmartre, 14.

Rosenbaum, art. d'exportation, r. d'Enghien,
43.

Roullet, art. divers, r. du Faubourg-Montmartre, 13.

Royer (J.), commission en tous genres, art.
d'exportation; dépôt d'essences de rose et
geranium; achat à commission de tous les
art. du Levant, r. des Marais-St-Martin,
29.

Rumpe (Jean Gas.) et C°, fabrique d'aiguilles, d'alènes et de dés à coudre, r. du
Cloître-St-Jacques, 8.

Safont (M.) et C°, art. divers; maison à Madrid, r. du Gros-Chenet, 4.

Saglier (V.), art. divers pour l'Angleterre, r. Montmartre, 119.

Saisset (P.), art. divers pour Rio-Janeiro, r. de la Victoire, 6.

Saivres, peaux et gants, r. St-Denis, 258.

Say (Alfred) et Cᵉ, art. d'exportation, r. d'Enghien, 30.

Schône (Charles), négociant, commiss., r. Hauteville, 30.

Sciama, art. divers, r. Hauteville, 13.

Sèches (D. et Ch.), art. d'exportation, r. Hauteville, 33.

Seris et Cᵉ, art. d'exportation, r. Hauteville, 35.

Serres, art. divers pour l'Amérique, r. d'Enghien, 40.

Souviel et Caron, art. divers, r. Vendôme, 14.

Susse, art. divers, objets d'arts, place de la Bourse, 31.

Thomet (H.), nécessaires, miroite ie, art. de Picardie de sa fabrique, r. Molay, 4.

Troy et Cᵉ, art. divers, r. de l'Echiquier, 34.

Valery, commiss. en marchandises diverses, r. Meslay, 25.

Valibouze et Cᵉ, art. divers d'exportation, r. Trévise, 19.

Vidil (E.) et Hurel, ganteries, r. du Gros-Chenet, 3.

Vieira (M. J.), art. divers d'exportation, r. d'Enghien, 9.

Vogel (F.), art. d'exportation, r. de l'Echiquier, 34.

Voizot (E.), quincaillerie fine, perles, art. de Paris (passage de l'Ancre), r. Bourg-l'Abbé, 34.

Voyant, fournitures de tailleur et boutons, r. du Petit-Lion-St-Sauveur, 19.

Weiss (J. L.), art. divers d'exportation, place de la Bourse, 4.

Weysberg, art. d'Allemagne, r. Trévise, 5.

BANDAGES ET PHARMACIE.

Cavillon, pharmacie, r. Quincampoix, 48.

Dupont, propriétaire, possesseur unique de l'élixir tonique antiglaireux du docteur Guillié, seul véritable, r. Tiquetonne, 14.

Fournier (L.), anc. fab. de sondes et bougies, pessaires, urinoires, plaques à cautères, cornets acoustiques, bouts de sein, mamelons et biberons, pompes et réservoirs à lait pour nourrices, tubes élastiques, toutes canules, clissoires et clyso-pompes assortis, seringues pour injections, fabrique de ressorts et bandages herniaires, d'appareils contre les difformités, buscs hygiéniques, tuteurs, béquilles, ceintures contre l'onanisme, l'hypogastrique et l'obésité, bas pour varices, suspensoirs en tous genres, appareils à éther, etc., etc., fabrique de l'utile clyso-des-dames, pour injections et lavemens, privilégiés pour 15 années pour la commission et l'exportation, r. Grenier-St-Lazare, 13.

Leperdriel, pharmacien, spécialité pour vésicatoires et cautères, bas élastiques en caoutchouc contre les varices, etc., r. du Faubourg-Montmartre, 78.

BIJOUTERIE.

Alazard (Paul), bijouterie, r. Vendôme, 10.

Borely (Vᵉ) aîné et Megessier, joaillerie, bijouterie, orfévrerie, r. Vivienne, 12.

Bury (C.), bijouterie, joaillerie, r. Richelieu, 92.

Cailteaux, bijouterie, r. Meslay, 26.

Chabrol, bijouterie, r. Meslay, 3.

Cosson-Duquesne, bijouterie, r. d'Anjou, Marais, 8.

Cossard, bijouterie, r. N.-D.-de-Nazareth, 26.

Desjardins, bijouterie, orfévrerie, r. Neuve-St-Eustache, 36.

D'Hianville fils, bijouterie, r. du Temple, 137 bis.

Dolhassarry jeune et Ce, bijouterie, r. Vendôme, 8.

Dordogne, bijouterie, r. St-Paul, 45.

Fargue aîne et Ce, bijouterie et art. de Paris; maison à Bordeaux, (r. Porte-Dijeaux, 8,) r. Paradis-Marais, 8.

Gentilhomme jeune, bijouterie, r. du Perche-Marais, 16.

Goubert et Montariol, bijouterie, r. des Enfants-Rouges, 4.

Grangé (Gve), bijouterie, r. Rambuteau, 2.

Guillemard aîné, bijouterie, r. des Enfants-Rouges, 4.

Guillemard jeune, bijouterie, r. Portefoin, 13.

Halphen (A.), bijouterie, r. Traînée, 17.

Huiart, Corpel frères et Ce, bijouterie, r. Pavée-Marais, 3.

Jaudin et Garce, bijouterie et art. de Paris, r. de Berry, Marais, 10.

Julien, bijouterie, r. Culture-Sainte-Catherine, 54.

Laborne, bijouterie et art. de Paris, r. Michel-le-Comte, 24.

Lacroix, bijouterie, r. d'Orléans-Marais, 7.

Lamy, bijouterie, r. des Vieilles-Audriettes, 4.

Laroze, bijouterie, r. du Temple, 137 bis.

Leber (Théod.), bijouterie, r. Neuve-St-Martin, 7.

Liebert (Ch.), bijouterie et art. de Paris, r. du Temple, 108.

Lucy (Ernest), bijouterie et art. de Paris, r. Samson, 3.

Marguerat (J.), bijouterie et pendules, r. Meslay, 37.

Marteau (E.) et Dalmas, bijouterie, r. des Vieilles-Haudriettes, 8.

Mesnier fils et Chatelin, bijouterie et art. de Paris, r. Michel-Lecomte, 18.

Morel (Félix), bijouterie et pendules, r. Samson, 5.

Morize et Vatard, bijouterie, joaillerie, r. de Vannes, 6.

Oppenheim (Paul), pierres fines, r. des Deux-Écus, 35.

Paul (Auguste), bijouterie, boulev. Bonne-Nouvelle, 10.

Piot (C.), bijouterie, r. d'Anjou-Marais, 21.

Schmitz frères, bijouterie et art. de Paris, r. du Faubourg-St-Martin, 13.

Vallet fils, bijouterie, joaillerie, r. d'Anjou-Marais, 13.

Vandroogenbrœck (G.), bijouterie et art. de Paris, r. Boucherat, 2.

Wertheimer fils, bijouterie, joaillerie, r. des Blancs-Manteaux, 30.

BONNETERIE.

Benier, bonneterie et chaussures, r. St-Martin, 32.

Bernier, Pinchon et René, bonneterie, r. des Bourdonnais, 8.

Blanchet, ganterie et bonneterie, r. des Mauvaises-Paroles, 14.

Chambaud neveu et Ce, ganterie et bonneterie, r. des Bourdonnais, 17.

Gérault, draperie, bonneterie, flanelle, r. du Four-St-Germain, 43.

Griollet, Seillier et Chamboiron, bonneterie de soie, r. des Bourdonnais, 11.

Lefèvre et Ch. René, bonneterie, fab. de lainages à Hourges, près Villers-Bretonneux et Moreuil (Somme), fab. et maison à Troyes pour les articles de coton, spécialité en fantaisie pour l'exportation, r. des Déchargeurs, 10.

Mignon, bonneterie, chaussures, r. St-Martin, 112.

Mocqueris aîné et Ce, grand bureau de bonneterie, art. coton pour exportation en bas, chaussette et ganterie, pantalons, camisoles et jupons, art. de Troyes, r. des Déchargeurs, 11.

Petit, bonneterie, laines coton, etc., fabrique à Harbonnière et Marcel-Cuve (Somme), spécialité de chaussons de Strasbourg et de Beauce, r. des Lavandière-Sainte-Opportune, 16.

Tregent et Bougrand, ganterie, bonneterie pour l'exportation, r. des Mauvaises-Paroles, 9.

BRONZE.

Barbedienne, papiers peints et bronze, boul. Poissonnière, 30.

Bazozet, bronze, r. St-Étienne-Bonne-Nouvelle, 15.

Brault (Ch.), bronze, r. Meslay, 27.

Delettrez, bronze, r. de Berry, Marais, 12.

Desorcy, bronze et articles de Paris, r. du Faubourg-du-Temple, 16.

Guyerdet jeune, bronze, r. Vendôme, 10.

Julian, bronze, r. des Francs-Bourgeois, 13.

Lamm, bronze et glaces, r. Molay, 3.

Mantin (P.) et Luzarche jeune, bronze et pendules, r. Pavée, Marais, 1.

Nante, bronze, r. de la Roquette, 14.

Ramboud et Morel, bronze et articles de Paris, r. du Temple, 94.

Taveau et Duplan, successeurs de Taveau frères, pendules, candelabres, lustres, lampes. bronzes d'art, porcelaines, cristaux, quincaillerie et articles de Paris en général, r. St-Anastase, Marais, 11.

Texier (L.) et Camus, bronze et pendules, r. d'Orléans, Marais, 5.

CHALES ET TOUS LES ARTICLES DE NOUVEAUTÉS.

Alexandre (Louis), cachemires, r. des Fossés-Montmartre, 1.

Arlès-Dufour (F.), nouveautés, r. du Sentier, 15.

Arnoux (F.), draperie et nouveautés, r. Mandar, 14.

Bernard, nouveautés. r. Hauteville, 61.

Bernard jeune, châles, r. du Sentier, 3.

Berrurier (Ed.), cravates de soie et nouveautés, r. Croix-des-Petits-champs, 29.

Billard, nouveautés pour l'Angleterre, r. St-Fiacre, 5.

Boué, nouveautés, r. N.-D.-des-Victoires, 29.

Brassac, étoffes, nouveautés, r. Thibautodé, 20.

Brousse (J.-Bap.), crêpes de Chine et châles de l'Inde, r. Richelieu, 84.

Bugnot, étoffes, nouveautés, r. du Sentier, 3.

Candy (C.) et Cᵉ, châ'es, r. Hauteville, 7.

Cerf et Michel, dépôt de cachemires des Indes, boulev. Montmartre, 12.

Combrac jᵉ, nouveautés, r. St-Eustache, 30.

Delisle (H.), et Passajou, nouveautés et art. de Paris, r. des Jeûneurs, 3.

Dollfus (Fréd.), nouveautés et meubles, r. des Jeûneurs, 4.

Dureau (A.), art. de nouveautés, r. Tiquetone, 18.

Duverger (A.) et Ballehache, nouveautés, r. Neuve-St-Eustache, 32.

Eggena-Boyron et Ce, nouveautés, art. de Paris pour la France et l'exportation, r. Montmartre, 165.

Empaire jeune, nouveautés. r. des Jeûneurs, 1 bis.

Fournier et Pontremoli, cravates, nouveautés, r. des Fossés-Montmartre, 6.

Fraise et Patasson, nouveautés, r. St-Sauveur, 24.

Fromageot, étoffes nouveautés, r. des Deux-Boules, 7.

Geffrier et Ce, cachemires des Indes et de France, r. Richelieu, 80.

Giesler et Faucille, étoffes et nouveautés, r. St-Marc, 21.

Gontier, châles, r. du Sentier, 6.

Grenier (A.), nouveautés, r. du Faubourg-Poissonnière, 19.

Hamard et Guerin, étoffes de soie et nouveautés, r. Vivienne, 16.

Hénocque (Achille), nouv., r. du Sentier, 9.

Hy, draperie, soieries et nouveautés, pl. Dau-Dauphine, 29.

Israël (A.), étoffes, nouveautés, r. Bourbon-Villeneuve, 5.

Jacquemond (F.) et Auzou (L.), consignataires de châles, cravates, soiries, nouveautés, velours unis et façonnés de Lyon et de Nîmes, r. Montmartre, 124.

Lachaume jeune, vente et achat à la commission, soieries, châles, cachemires et autres, mousseline-laine, indiennes, lingerie et tout ce qui a rapport à la nouveauté, r. St-Roch-Poissonnière, 6.

Ladent frères, nouveautés, r. Neuve-St-Eustache, 44.

Laurens (B.), art. de nouveautés, r. St-Roch-Poissonnière, 8.

Laurrent (E.) et Ce, châles, nouveautés, r. Neuve-St-Eustache, 36.

Lebaron et Ce, soieries et nouveautés, pl. des Victoires, 7.

Lecomte (A.), foulards, r. du Mail, 29.

Léon (Polidor), nouveautés, r. Geoffroy-Marie, 10 bis.

Lignère (J.), châles, nouveautés, r. Neuve-St-Eustache, 21.

Lonclas, nouveautés, r. Neuve-Saint-Eustache, 32.

Matbieu et Baudot, spécialité de nouveautés pour pantalons et paletots d'été, r. des Bourdonnais, 2.

Mansoz frères, nouveautés en tout genre, r. d'Enghien, 13.

Mazoyer, nouveautés, r. du Bouloy, 19.

Memo (E.), nouveautés, boulev. Poissonnière, 23.

Morand et Ce, étoffes de soie unies et nouveautés, r. des Fossés-Montmartre, 2.

Moris (Ch.) et Ce, nouveautés, r. d'Enghien, 13.

Oulmann, cachemires et foulards, r. Saint-Marc, 27.

Outin, nouveautés, r. des Mauvaises-Paroles, 21.

Paul, châles, nouveautés, r. d'Amboise, 6.

Person, broderie et nouveautés, r. Montmartre, 95.

Pléney, achats d'étoffes et de nouveautés pour sa maison de Lyon, r. de la Jussienne, 11.

Poncet, mérinos, cravates et châles, pl. des Victoires, 9.

Préville, ganterie et nouveautés, passage du Saumon, 50.

Rheinart et Cᵉ, nouveautés, passage Saulnier, 16.

Risler (Alexandre), nouveautés, r. d: Gros-Chenet, 9.

Russias, art. nouveautés, r. St-Fiacre, 16.

Sauvignet fils, art. de Lyon et de St-Étienne, r. St-Denis, 96.

Talamont et Cᵉ, nouveautés pour habillements d'hommes, r. Croix-des-Petits-Champs, 37.

Tavernier (Ch.) et Cᵉ, soieries et nouveautés, pl. des Victoires, 5.

Weil (L.), soieries et nouveautés, r. Thévenot, 5.

CHAPELLERIE.

Bailly aîné, fab. de casquettes, chapeaux refaits, paille d'Italie et feutre, fantaisie pour enfants. (Exportation.) r. Simon-le-Franc, 25.

Bodoy, chapellerie, boulev. Poissonnière, 8.

Bodoy et Couttenier, chapellerie, r. Vendôme, 11 ter.

Bonvard, chapellerie, r. Paradis (Marais), 10.

Boulonneix, chapellerie, r. Simon-le-Franc, 20.

Demont-Rond, chapellerie, r. Vieille-du-Temple, 78.

Leduc, soieries et chapellerie, r. Simon-le-Franc, 8.

Pelletier, chapellerie et art. de Paris, r. du G. Chantier, 8.

Perichon, soierie et chapellerie, r. de Braque, 4.

Pottier (A.), casquettes, chapellerie, r. Rambuteau, 43.

Remy-Gravier, fab. de chapeaux et casquettes de fantaisie en tout genre pour enfants; dépôt de chapeaux de paille d'Italie et latanier, r. du Chaume, 7.

Theissein et Durr, chapellerie, art. de Paris, r. de la Victoire, 6.

Villette-Degardin, chapellerie, r. Rambuteau, 4.

CHAUSSURES.

Crignon, chaussures, r. Beaurepaire, 13.

Daniel et Ce, tresse et chaussons, r. St-Denis, 148.

Fortier fils et Ce, chaussures, r. St-Sauveur, 24.

Martin (J.) et Magonty, étoffes et nouveautés pour chaussures, r. du Petit-Lion-St-Sauveur, 13.

Saulnier et Bertrand, chaussures, r. du Renard-St-Sauveur, 7.

COUTELLERIE.

Chabrol et Berry, coutellerie, r. Bourg-l'Abbé, 20.

Daran, instruments de chirurgie, r. Gît-le-Cœur, 4.

Duchamp, coutellerie, r. Grenétat, 4.

Germinet (F.), coutellerie, r. St-Denis, 191.

Mermilliod frères, coutellerie en gros, instruments de chirurgie et trousses de voyage

pour l'exportation, rue Saint-Denis, 319.
Piault (Armand), fils aîné, coutellerie, r. St-Denis, 293.
Piault jeune, coutellerie, r. St-Denis, 229.
Sallerin, taillanderie, r. Neuve St-Francois, 6.

CUIRS ET PEAUSSERIES.

Allain Niquet (J.), cuirs, r. Mauconseil, 30 et 32.
Andrillas et Angelar, cuirs, r. Mauconseil, 31.
Berger, peausserie, r. Neuve St-François, 12.
Blanc (Mathieu), cuirs, r. Mauconseil, 24.
Boyenval et C⁰, cuirs, r. Française, 8.
Carré et Barrande, cuirs vernis, chevreaux bronzés et noir, march. de toutes espèces de peausserie en gros, r. des Cinq-Diamants, 11.
Chartier fils jeune, pausserie, r. du Cloître-St-Jacques, 8.
Christin frères, peausserie, r. Française, 7.
Corneillan frères, cuirs, r. Mauconseil, 17.
Durand-Journet (A.), cuirs, r. du Petit-Lion St-Sauveur, 13.
Flotard (Jean), peausserie, r. du Renard St-Sauveur, 11.
Grimault aîné, peausserie, r. Française, 9.
Guérineau (Henri), commiss. en peaux et laines, r. Beaurepaire, 10.
Guerlin, Houel et C⁰, cuirs, r. Française, 3.
Guerry fils, peausserie, r. Française, 2.
Henou, peaux brutes, fab. et laines, commiss. r. Beaurepaire, 3.
Houel frères, commissionnaires en cuirs, r. Française, 6.
Lemoine (Frédéric), commiss. en cuirs, r. Mauconseil, 25.
Lévêque, cuirs, r. du Cloître St-Jacques, 1.
Malzac, ganterie, peausserie, r. Bourg-l'Abbé, 52.

Rochat et Jodot, commiss. en cuirs, r. Mau-
conseil, 27.
Sonis (J.), cuirs, r. Française, 8.
Vassal, cuirs, r. Française, 2.
Verillon (E.), cuirs et peaux, r. Beaure-
paire, 28.

DENRÉES COLONIALES, ÉPICERIES, FRUITS SECS, COMESTIBLES.

Allais, épicerie, r. de l'Homme Armé, 3.
André aîné, denrées coloniales, r. des Lom-
bards, 7.
Aubry (E.), épicerie et consignation, r. Neuve
St-Méry, 41.
Billet, nég. en comestibles, truffes, fruits et
légumes conservés; expéditions à l'étran-
ger, r. St-Honoré, 129.
Blée et Thupin, épiceries, r. du Four-St-Ho-
noré, 25.
Charenton, denrées coloniales, r. Samson, 3.
Cor (A.), sucre et café, r. Sourdière, 29.
Corcellet, denrées coloniales, vins, Galerie
Valois Palais-Royal, 103 et 104.
Daclin, épicerie, r. Paradis (Marais), 8.
Debonnelle, cire, miel, mélasse, et sirop, r.
de la Verrerie, 83.
Duchemin et (Fr.) Pinta, épicerie, r. de la
Verrerie, 54.
Frager (Alph.), épicerie, r. de la Verrerie,
60.
Girod frères, boîtes en sapin, fromages et
art. de la Montagne, r. Cloître-St-Méry, 8.
Hemon, denrées coloniales, r. Paradis (Ma-
rais), 4 bis.
Jeanti jeune et Pajot, denrées coloniales, r.
Ste-Avoye, 23.
Jahan (C.), denrées coloniales, r. Pavée
(Marais), 24.

Jardin jeune, sucres, r. des Francs-Bour-
geois, 21 bis.
Lasne aîné, denrées coloniales, r. Rambu-
teau, 20.
Ledoux et Gallet, épicerie, r. St-Denis, 74.
Lejoindre, épicerie, r. Ste-Croix-de-la-Bre-
tonnerie, 25.
Lemoine et Ricard, denrées coloniales, r.
Neuve St-Méry, 30.
Lobligeois, épicerie, r. Ste-Croix-de-la-Bre-
tonnerie, 38.
Magnier, épicerie, r. Ste-Croix-de-la-Bre-
tonnerie, 29.
Manger jeune, épicerie, r. St-Denis, 65.
Muret (A.) et Bachoux, épicerie en gros et
commission, r. Bar-du-Bec, 21.
Moignet (B.), épiceries, r. de l'Homme-
Armé, 3.
Morizot, fruits secs, r. de l'Homme-Armé, 3.
Nicolas et Ce, épicerie en gros, r. St-Méry, 27.
Perée, fruits secs, r. du Cloître-St-Méry, 6.
Poisson, épicerie et commission, r. Quin-
campoix, 1.
Prontaut, épicerie, r. Neuve St-Méry, 11.
Quillé et Bernier, denrées coloniales, r. de la
Verrerie, 36.
Rodier (L.), aluns, couperoses et denrées co-
loniales, passage Saulnier, 4 bis.
Ruaux et Tallon, fruits secs, r. de la Verre-
rie, 48.
Rabutaux, denrées coloniales, r. Vieille-du-
Temple, 30.
Rampal Marius et Ce, savon, sucre indigène
et exotique, r. Hauteville, 66.
Sencier et Belin, sucre indigène, r. de la
Corderie-du-Temple, 15.

Souillard (X.) et X. Leduc, sucre, r. de la Verrerie, 55.

Soupault fils et Garnier, épicerie, r. de la Verrerie, 16.

Tardif (Gustave et Anatole), denrées coloniales, r. Rambuteau, 28.

Viala, seul entrepositaire général de la semoule d'igname d'Afrique, maison de commission en denrées coloniales, commestibles, pâte d'Italie, eau de fleur d'oranger, sardines à l'huile, dépôt des nouveaux estagnons en fer battu pour eau de fleur d'oranger de J. Méro de Grasse, r. du Grand-Chantier, 1.

Vion aîné, denrées coloniales, r. Vieille-du-Temple, 34.

DENTELLES, TULES ET BRODERIES.

Boiduval-Houssoi, broderie, r. des Jeûneurs, 11.

Bouffard-Bimont, blondes et dentelles, art. de Paris, r. Poissonnière, 20.

Crémière-Large, broderies, nouveautés, r. de Cléry, 9.

Gilbert frères, dentelles, r. Thévenot, 6.

Keenan (J.), dentelles et tulles brodés, r. des Jeûneurs, 13.

Lannier (Ve), broderie et lingerie, r. Neuve des Petits-Champs, 6.

Lecaille (A.) et Levasseur, tulles, dentelles et foulards, r. de Cléry, 30.

Lefèvre, blondes et dentelles, r. Notre-Dame-des-Victoires, 14.

Lepelletier, toiles et dentelles, r. St-Fiacre, 3.

Levasseur (Mme), broderies, r. St-Denis, 151.

Olivier-Bouloy, broderie et nouveautés, r. Thévenot, 15 bis.

Penn et Ce de (Londres), tulles, r. du Sentier, 6.

Warambon-Bernon, broderie, r. des Deux-Portes-St-Sauveur, 16.

DRAPERIES.

Abbadie et Ce, draperie, r. des Mauvaises-Paroles, 18.

Bacot (Paul) père et fils, draperie, exp., r. Neuve St-Augustin, 8.

Beaupillier fils, commission pour la vente et l'achat de toutes draperies et étoffes de laines, couvertures en laines et cotons de diverses fabriques; fait la fourniture pour les hospices, bureaux de bienfaisance et prisons, r. Thibautodé, 14.

Beglet et Ce, draperie, r. Vivienne, 10.

Chéron, draperie, nouveautés, r. des Vieux-Augustins, 37.

Dastis et fils, draperie, r. des Mauvaises-Paroles, 20.

Douche fils, draperie, nouveautés, r. de Cléry, 11.

Duquenne (Léon) et Ce, draps et nouv., r. des Jeûneurs, 20.

De Saint-André (E.), draperie, r. des Petites-Ecuries, 8.

Deviefville et Augée, draperie, nouveautés, r. des Fossés-du-Temple, 14.

Frainnet (Hy), soieries et draps pour voitures, r. Thévenot, 24.

Grand et Poulet, draperie de Sedan, r. des Mauvaises-Paroles, 11.

Honoré, draperie, r. Bergère, 13.

Lanavit (A.), draperie, r. des Mauvaises-Paroles, 17.

Leroy et fils, draperie, satins et nouveautés

pour l'exportation de leurs manufactures de Sedan, r. de Mulhouse, 13.

Martin (Maurice) et Balsan, draperie, r. Thibeautodé, 10.

Mestier-Joanne et C⁰, draperie, r. des Mauvaises-Paroles, 19.

Milleschamps et C⁰, draperie, r. des Lavandières-Ste-Opportune, 28.

Moreno-Henriquès, draps et nouveautés de Sédan, Louvier, Elbœuf et du Midi, r. des Déchargeurs, 4.

Plaine frères et Caron, draperie, r. des Déchargeurs, 3.

Plançon, draperie de Sédan, r. Bertin-Poirée, 9.

Rathier (J.), draperie, nouveautés, r. des Deux-Boules, 13.

Robin, soieries et draperies, place des Victoires, 2.

Supplisson (E.), draperie, r. Bertin-Poirée, 11.

DROGUERIE, TEINTURES ET PRODUITS CHIMIQUES.

Asselineau (J.), droguerie, r. St-Antoine, 51.

Aubert (Alex.), fab. de chocolat, caoutchouc en nature et fabriqué, droguerie et commission, r. Ste-Croix-de-la-Bretonnerie, 28.

Blanc (Jh.), produits chimiques, r. des Singes, 1 bis.

Beaumont, teinture, r. Bourtibourg, 21.

Bédassier père et fils et Barbe, droguerie, r. d'Orléans (Marais), 7.

Conrad et Waldmann, droguerie, r. Vieille-du-Temple, 32.

Camus (Ch.), produits chimiques, r. Vendôme, 12.

Capon et Trebutien, droguerie, r. Tixeranderie, 49.

Cappe (Victor), droguerie, r. des Quatre-
Fils, 20.

David et Senturel, produits chimiques, r.
Ste-Avoye, 8.

Drouin (J.), couleurs, produits chimiques,
gélatine, r. St-Jacques-la-Boucherie, 15.

Dumont, produits chimiques, r. de Braque, 6.

Duponchelle (H.), couleurs et teintures, fab.
de vernis, commis. et consignation, r. du
Gr.-Chantier, 7.

Delabarre (A.), produits chimiques, r. Chapon, 16.

Delayen (E.), droguerie, r. Vieille-du-Temple, 32.

Fleuriet (P.) et A. Delattre, produits chimiques, r. de la Poterie-des-Arcis, 5.

Gion (J.), droguerie, r. Bourtibourg, 18.

Henrion-Berthier (Eug.), droguerie, r. Ste-
Croix-de-la-Bretonnerie, 34.

Hache, savon, soude, potasse, r. de la Vieille-
Monnaie, 26.

Haville, droguerie, r. de la Verrerie, 4.

Jomard fils, droguerie pour teinture, r. de
Braque, 6.

Lemercier frères, produits chimiques, r. des
Ecouffes, 29.

Le Roux, droguerie, r. Ste-Croix-de-la-Bretonnerie, 22.

Meissonnier (Charles), produits chimiques,
teintures et art. divers, r. Meslay, 8.

Mulatier Robert, encre en poudre soluble et
produits chimiques, r. St-Antoine, 59.

Madlaine (Edouard), droguerie, r. Vieille-du-
Temple, 5.

Masséna, droguerie, r. des Francs-Bourgeois, 22.

Monod (J.), produits chimiques, r. Bar-du-
Bec, 4.

Morel (F.) et J. Fère, droguerie, r. du
Chaume, 7.

Noël (Hte), soie et droguerie, r. de l'Echiquier, 17 bis.

Peghaire, droguerie, r. des Cinq-Diamants,
24.

Poirat et Badié, produits chimiques, r. Puits-
Blancs-Manteaux, 6.

Pottier et Hauchard, droguerie, r. des Quatre-
Fils, 10.

Ribeaucourt, Bourgeois et C°, produits chimiques, r. Charlot (Marais), 12.

Sabatié, droguerie et teintures, r. des Billettes, 20.

Saint-Armand, droguerie, r. Ste-Croix-de-la-
Bretonnerie, 3.

Samuel aîné, produits chimiques, seul inventeur du bleu de France en tablettes et
pastilles, pour azurer le linge et tous les
tissus en général, garanti à l'air et au soleil, r. Vieille-du-Temple, 13.

Thébault, droguerie, r. Bourtibourg, 14.

Villaine (C.) et C°, produits chimiques, r.
Hautefeuille, 9.

FILS, LAINES ET COTONS.

Arlot aîné, laines, r. des Petites-Ecuries, 21.

Badin (A.), laines, r. Martel, 16.

Bernier (Ch.), laines, r. Martel, 8.

Bisson, fil de lin et teinture, r. Thévenot, 5.

Brailley et C°, laines et coton filés, r. Saint-
Denis, 118.

Corpet, coton filés, r. St-Denis, 367.

6.

Desplanques, laines, r. du Faubourg-Saint-Martin, 142.

Dufreisne et Montholon, laines filées, r. de Mulhouse, 9.

Dumas (F.), laines filées, r. Neuve-St-Eustache, 36.

Félix et Durand, laines, r. Ste-Barbe, 3.

Goffard (E.), laine et coton, r. Saint-Denis, 186.

Huberty, laines, r. Nve-de-la-Fidélité, 8.

Mayer-Schensep (L.), laines, r. Trévise, 11.

Moulin, laines, r. Paradis-Poissonnière, 7.

Poiret, laines et cotons, r. St-Denis, 106.

Prevost fils et Cᵉ, laine et banque, r. Saint-Fiacre, 3.

Roger, Gandry, Detchemendy et Cᵉ, laines françaises et étrangères, r. des Petites-Ecuries, 13.

FOURNITURES DE CHAPELLERIES.

Badeuil, matière première pour la chapellerie, r. Vieille-du-Temple, 7.

Declermont et Cᵉ, coupeurs de peaux de lièvres et de lapins ; poil de lièvres, de castors, de rat-musqué, etc., pour la chapellerie en gros et en détail, sauvagines, lapin lustré, pluche et fourniture de chapellerie pour l'exportation, r. Barbette, 9.

Dreffus aîné et Cᵉ, fournitures de chapellerie, passage Ste-Avoye, 4.

Fahy et Camus jeune, art. de chapellerie, r. Ste-Avoye, 57.

Gaffré et Cᵉ, chapellerie et fournitures, r. Simon-le-Franc, 13.

Guichard et Moccand, fournitures de chapellerie, confection de casquettes, r. Sainte-Avoye, 30.

Kuhn, chapellerie et fournitures, r. Grenier-
St-Lazare, 16.

Mauhin (Charles), succ. de Dobilly, soieries
et fournitures de chapellerie ; fab. de bandes blanches en toutes qualités par le procédé de Lyon, r. Ste-Avoye, 39.

Pesel et Menuet, matière première pour chapellerie, r. Bourbon-Villeneuve, 7.

Ricard (V.), fourniture de chapellerie, chapeaux de paille de toutes espèces ; casquettes, coiffures de fantaisie en paille et en
feutre pour hommes et enfants, r. Saint-
Avoye, 34.

Sannejean et Bazaille, négociants en pelleterie, matière première pour la chapellerie,
r. Michel-le-Comte, 32.

GRAINS, GRAINES ET FARINES.

Audon aîné, grains, r. Grange-Batelière, 13.

Jeanti aîné, grains, r. des Quatre-Fils, 9.

Jubault, farine, r. du Cadran, 7.

Laulhé (Lucien), spécialité, produit d'Espagne, tels que fruits secs, vins, blés, pois
chiches, safran, huiles d'olives, bois de
réglisse, sucs de réglisse, essences de citrons
et d'oranges, liéges et bouchons, filets de
spartre, plomb, etc., r. de Cléry, 100.

Lecomte, commiss. en grains, graines et issues, r. de Viarme, 14 (Halle au blé).

Monin, farines, r. des Bons-Enfants, 29.

Mouchot (Jin), graines, r. du Gros-Chenet, 6.

Petit, Dubois, Berloquin et Cᵉ, grains, farines, graines de trèfle et luzerne, fruits
secs : maison à Chatellerault (Vienne), r.
Mercier, 8.

Paillard, farines, r. Montmartre, 15.

Pannier jeune, laines et grains, r. Bleue, 36.

Wallacre, farines, r. de Grenelle-St-Honoré, 42.

HORLOGERIE ET PENDULES.

Baschet-Baullier et frères, pendules et horlogerie en tous genres, et lampes mécaniques, dites Carcel, r. Vendôme, 9.

Bautte, horlogerie, r. Croix-des-Petits-Champs, 42.

Bolviller (M.), horlogerie, r. de Bondy, 30.

Boursier, horlogerie, r. des Vieux-Augustins, 40.

Capel, horlogerie, place Dauphine, 24.

Ducas (Elie), horlogerie, r. St-Avoye, 23.

Farret, spécialités de pendules, d'horlogerie en pendules confectionnées en grand assortiment, r. Chapon, 23.

Hottot, pendules, r. de Bondy, 48.

Leleux, fournitures d'horlogerie, r. de la Calandre, 54.

Levallois (H.), pendules, r. Meslay, 26.

Michel-Noël, horlogerie, r. Cloche-Perche, 10.

Montandon, frères, horlogerie, fabrique au Locle (Suisse), r. Grenelle-St-Honoré, 14.

Neuburger (A.) et Cᵉ, bronze et horlogerie, r. Vivienne, 4.

Paillard (E. et A.) frères, horlogerie en tous genres et boîtes à musique jouant de deux à trente-six airs. Dépôt de carrés de montres, et de paille d'Italie et de Suisse; même maison à Ste-Croix (Suisse), r. Mandar, 4.

Renaud (Hte), horlogerie, r. J.-J. Rousseau, 19.

Rochot fils (A.), horlogerie, bronze, r. des Vieux-Augustins, 10.

Savoye frères, horlogerie, r, de Grenelle-St-Honoré, 29.

HUILES, SALAISONS, ART. DU HAVRE ET DU MIDI, COMESTIBLES.

Carlhian, commiss. et consignation, dépôt de colles et gélatine, r. des Blancs-Manteaux, 13.

Dhamelincourt (C.), huiles, r. Vieille-du-Temple, 34.

Depinay (L.), huiles, r. de Braque, 2.

Deriencourt (Louis), huiles, r. Bar-du-Bec, 11.

Desmonts (Ch.), salaison, r. Ste-Croix-de-la-Bretonnerie, 30.

Etienne (Adrien), denrées et produits du Midi, r. Nve-St-Méry, 21.

Gautier jeune, huiles, r. Vieille-du-Temple, 5.

Ibry, huiles, r. de la Verrerie, 52.

Lemaréchal (B.), huiles et savon, r. d'Orléans, 9 (Marais).

Lanciau et Cᵉ, huiles, r. du Grand-Chantier, 8.

Lavelle (Alfred), commission, consignation, salaisons, couleurs et vernis, r. Neuve-St-Méry, 41.

Manchon, huiles, art. du Havre, r. Rambuteau, 46.

Matty, Dutemple et Cᵉ, huiles, r. de la Verrerie, 60.

Mazzucchelli aîné, comestibles, produits d'Italie, r. des Bons-Enfants, 29.

Potier et Allemand, huiles, r. de la Poterie-des-Arcis, 7.

Sauvan (A.), huiles, r. Montmartre, 39.

Terquem, huiles et vinaigres, r. du Vert-bois, 15.

JOUETS D'ENFANTS.

Bechevot, jouets d'enfants, art. de Paris, St-Claude et d'Allemagne, commission pour march. forains, r. Grenier-St-Lazare, 7.

Bordes (A.) jeune, jouets et art. de Paris, r. du Grand-Chantier, 8.

Broullet, jouets d'enfants, r. St-Denis, 116.

Constant, jouets et art. de Paris, r. Charlot, 35 (Marais).

Delphieu, jouets d'enfants, r. St-Denis, 227.

Deschevailles (V^e), jouets d'enfants, r. Bourg-l'Abbé, 11.

Faucheux, jouets et art. de Paris, r. des Petits-Champs-St-Martin, 15.

Feliker, jouets. r. Tiquetonne, 12.

Lemaire, jouets et art. de Paris, r. Chapon, 2.

Rosset et Gayda, jouets et art. de Paris, r. Bourg-l'Abbé, 34.

Roulez, jouets de France et d'Allemagne, porcelaine de fantaisie, flacons, art. de Paris, r. du Temple, 40.

Rungaldier (J. A.), jouets et art. de Paris (passage St-Denis), r. Grenétat, 2.

Sanoner neveu et Ce, jouets d'enfants en gros des fab. d'Allemagne et de France, poupées à ressort, boîtes de couleurs, bustes de poupées d'Allemagne, vierges, saints en bois blancs pour églises, christs; commiss. p. la France et l'étranger, r. Chapon, 20.

Servatius (R.), jouets et art. de Paris, r. Grenétat, 25.

Simon (P.), succ. de Roulez et Simon, jouets d'enfants en gros des fabriques d'Allemagne et de France; fab. de ménage d'enfants en faïence et en porcelaine blanche et décorée, tabletterie, art. de Paris, métiers à

broder et dévidoirs d'Allemagne , r. Chapon, 13.
Videau et Coiffier, jouets et art. de Paris , r.
du Cimetière-St-Nicolas, 5.

LIBRAIRIE.

Aubry-Dile-Roup , édition et librairie, r. de
l'Eperon, 9.
Borrani (Charles), libraire, commissionnaire
pour la France et l'étranger ; livres d'édu-
cation et de piété, etc., r. des Sts-Pères, 7.
Chaillot, abonnement musical, r. St-Honoré,
352.
Clary, librairie, r. du Battoir-St-André, 12.
Desforges , librairie , r. des Grands-Augus-
tins, 25.
Gavelot jeune, librairie, r. des Bons-Enfants,
26.
Guenie (J. J.), librairie, r. du Cadran, 20.
Labbé (L.), libraire , r. St-André-des-Arts ,
51.
Magen , librairie, quai des Augustins, 21.
Passard, librairie, r. des Grands-Augustins, 9.
Rosa-Auzon et Ce, librairie espagnole , r. de
l'Abbaye, 9.
Strauss, librairie, r. des Fossés-St-Germain-
l'Auxerrois, 36.
Testelin (E.), librairie, r. Richelieu, 67.

LINGERIE, MODES ET FLEURS.

Aimée-Henry, modes et robes, r. Basse-du-
Rempart, 18.
Atrange (C.-B.) et frères, fleurs, r. d'En-
ghien, 24.
Bert (Louis), modes et corail, r. du Faub.-
Poissonnière, 3 bis.
Brun (J.), Larosière et Court, fleurs artifi-

cielles (maison à New-York), r. du Fau-
St-Martin, 64.

Cartier fils, plumes, fleurs, perles, art. de
modes et nouveautés, breveté de S. A. R.
madame la princesse de Joinville, r. Louis-
le-Grand, 30.

Davril jeune et Cᵉ, chapeaux de paille et
fleurs, r. Meslay, 37.

Dufour, modes, bonnets, coiffures, r. des
Deux-Portes-St-Sauveur, 18.

Lautelet, modes et fleurs, r. St-Denis, 306.

Lechat et Drouet, lingerie-nouveautés, r. de
la Chaussée-d'Antin, 12.

Pahud (H.), fleurs artificielles, nouveautés,
boulevard Poissonnière, 24.

Thibault, chapeaux de paille, r. du Mail, 3.

Vild et Cᵉ, chapeaux de paille, r. du Caire, 23.

MERCERIE.

Bacon et Angot, mercerie, r. St-Denis, 80.

Bapaume (A.), mercerie, rubans, r. St-Denis,
123.

Bouyonnet, mercerie, r. St-Denis, 102.

Carton jeune, mercerie, r. St-Denis, 154.

Cauchy, art. divers, mercerie, r. Rambuteau, 62.

Chenieux et Daliveau, mercerie, r. St-Denis,
136.

Coville (T.), mercerie, r. St-Denis, 210.

Creuse frères, mercerie et soierie, r. St-Denis,
138.

Davoust aîné, mercerie, r. St-Denis, 134.

Dobelin (Ch.), mercerie et rubans, r. Saint-
Denis, 172.

Duclos (A.), mercerie, r. St-Denis, 149.

Grellou (A.), mercerie, r. St-Denis, 132.

Grout, mercerie, soieries, r. St-Denis, 140.

Laillier, mercerie, r. St-Denis, 98.

Leauté frères, mercerie, r. Neuve-Bourg-
l'Abbé, 10.
Leseure, Collin et C", mercerie et art. de
Paris, r. de la Marche, 12.
Peccatte (Ch.), mercerie, r. St-Denis, 178.
Perinet et Labbé, mercerie, r. St-Denis, 266.
Souchier (P.), mercerie, r. St-Denis, 117-
Soupplet fils aîné, mercerie et soierie, r. St.
Denis, 186.
Tachy (A.) et C\ (au Père de famille), mer-
cerie, broderie, tapisserie, laines, soies,
coton et tout ce qui est relatif au travail des
dames; fab. d'aiguilles à la française, s'en-
filant les yeux fermés, d'épingles perfec-
tionnées, etc., r. Dauphine, 30.
Tilemann, mercerie, r. Nve-Bourg-l'Abbé, 8.
Vallet et C\, mercerie, r. St-Denis, 144.
Vibert, mercerie et rubans, r. St-Denis, 148.

PAPETERIE ET FOURNITURE DE BUREAU.

Avelin (Edouard), art. de bureaux, r. Bar-
bette, 8.
Blanchet et Nouette-Delorme, papier en gros
pour l'exportation, r. Coquillère, 12 bis.
Boichard, papiers en gros, quai des Augus-
tins, 47.
Borne, fournitures de bureaux et art. de Pa-
ris, r. Ste-Croix de la Bretonnerie, 40.
Bruyer, registres et papeterie, r. St-Martin,
259.
Burlot, papeterie, spécialité pour la nou-
veauté, r. Bourbon-Villeneuve, 35.
Challamel, papeterie et art. de Paris pour les
colonies, r. de la Harpe, 13.
Chammartin (E.), fournitures de bureau, r.
Rambuteau, 24.

Champion (Th.), papier en gros, r. du Mail. 29.

Chevré aîné, papeterie fine, fournitures de bureaux pour la France et l'étranger; art. de reliure en tous genres; nouveautés en maroquinerie et en cartonnage, r. Charlot, 19 (Marais).

Cuthbert fils et Audeval, art. de bureau, r. St-Denis, 217.

Davy-Malmenade, papeterie, r. St-André-des-Arts, 30.

Delarue, papeterie, r. du Temple, 101.

Dubus (L.), fournitures de bureau, r. Rambuteau, 30.

Duvigneaud et Cᵉ, fournitures de bureaux, r. des Vieilles-Haudriettes, 3.

Gaymard et Gérault, fournitures de bureaux, r. Montmorency, 10.

Johanneau, papiers en gros et fourniture de bureau, boulevard Poissonnière, 25.

Larenaudière (F.), fournitures de bureaux, r. du Mouton, 5.

Lecrosnier, Haus (D.) succ., fab. de compas et d'instruments de mathématiques, commiss. en fournitures de bureaux, r. du Temple, 69.

Longuet aîné et Masse, papeterie, r. des Lombards, 1.

Louis (A.) et Cᵉ, papiers de couleurs et tous les articles pour la reliure, r. du Plâtre-St-Jacques, 11.

Maurice (Vᵉ), succ. de Cabany, ancienne et seule maison Cabany. Spécialité pour la fab. des registres perfectionnés; fab. d'étiquettes dorées, gaufrées; transparents linéonomes, papier imperméable p. presses à copier, fournitures de bureau , tous les art. de papeterie, r. St-Avoye, 57.

Maurin (Adrien), commiss. en fournitures de bureaux, fab. de pains et cire à cacheter, encres , fab. de registres, r. des Vieilles-Haudriettes, 4.

Menet, papiers de toutes couleurs , registre et enveloppe, exportation , r. des Petites-Ecuries, 13.

Mitchell's (John), dépôt de la fab. de plumes d'acier à Birmingham , porte-plumes et plumes s'adaptant d'elles-mêmes. Patent L. Cuzin, fournitures de bureaux, art. de Paris, r. Montmorency, 6.

Montmartre , garniture de bureaux en émail et en bijouterie montée en argent ; commiss., exportation, r. St-Martin, 163.

Mussey, art. de bureaux, r. Vieille-du-Temple, 27.

Nouette-Delorme, papiers, quai des Augustins, 55.

Pesron, papeterie, r. des Mathurins, 18.

Rave (Hte) et Ce, papeterie et art. de Paris, r. Nve-St-Eustache, 15.

Salmon , papeterie , r. des Marais-du-Temple, 44.

Thibault (Ch.), fournitures de bureaux , r. Michel-le-Comte, 23.

Tremblay, papeterie, r. Michel-le-Comte, 27.

Valant, fab. enveloppes de lettres, inventeur du papier fashionable à filets et rubans. Commiss. pour papeterie de luxe et art. de Paris, r. de Seine-St-Germain, 14 bis.

Zoutman (L.), papeterie, r. St-André-des-Arts, 41.

PARFUMERIE.

Lelarue, parfumerie, r. du Puits, Marais, 5.

D'Esebeck, ganterie, parfumerie, r. Neuve-des-Petits-Champs, 41.

Herman (Constant), essence pour parfumerie, r. Quincampoix, 11.

Michaud, parfumerie, r. Folie-Méricourt, 18.

Barré sœurs, parfumerie, r. St-Sébastien, 34.

PASSEMENTERIE.

Corblet aîné, ancienne maison Warmé (F.), passementerie, meubles et nouveautés, ornements en cuivre estampé, fondu et doré; art. de Paris pour la France et l'étranger, r. du Temple, 117.

Cornu, passementerie, r. du Temple, 57.

Espiritoz, passementerie, r. du Temple, 51.

Formager, passementerie, r. St-Denis, 176.

Glatron frères, passementerie et art. de Paris, r. de l'Oseille, 7.

Guinas, passementerie, nouveautés, r. St-Honoré, 40.

Monin et Cᶜ, passementerie, r. de Cléry, 21.

PORCELAINES.

Bing frères et Cᵉ, porcelaines, r. des Petites-Écuries, 47.

Leroy et Bourdon, porcelaines et bronze, r. du Faubourg-du-Temple, 25.

Liesching (Théod.) et Cⁱ, porcelaines, r. d'Enghien, 6.

Pétry, porcelaines, r. du Faubourg-Poissonnière, 35.

Toy (W. E.), porcelaines, r. de la Chaussée-d'Antin, 19.

QUINCAILLERIE.

Arroux, quincaillerie, art. de Paris, r. des Tournelles, 52.

Aubert (Ed.), quincaillerie, r. des Enfants-Rouges, 9.

Aucler (A.), mercerie, quincaillerie, r. Bourg-l'Abbé, 21.

Baron-Vassel et Ce, quincaillerie et art. de Paris, r. Notre-Dame-de-Nazareth, 9.

Barry aîné, quincaillerie, r. de Bondy, 38.

Bayeux (A.), ancienne maison Deneux, quincaillerie, serrurerie, art. de bâtiments, commission en art. de Paris, r. de la Harpe, 36.

Bégason aîné, quincaillerie et commission, r. Quincampoix, 30.

Bizet, quincaillerie, r. St-Denis. 142.

Blazi et Tournier, quincaillerie française et étrangère, ferronnerie de toute espèce, commission, export. en gros, r. Quicampoix, 19.

Brunel (Pro.), quincaillerie, r. du Renard-St-Sauveur, 8.

Budin aîné et Ce, quincaillerie, r. Pastourelle, 5.

Burghet, quincaillerie, r. Charlot, Marais, 4.

Charton, quincaillerie, r. St-Martin, 194.

Chevalier-Gavel, quincaillerie, r. St-Martin, 221.

Choron (Jean), quincaillerie, r. du Faubourg-St-Antoine, 89.

Collot (H.), quincaillerie, coutellerie, r. St-Martin, 223.

Cornet et Sabot, quincaillerie, r. Ste-Apolline, 13.

Dageon, quincaillerie, pl. Royale, 9.

Darras, quincaillerie, r. St-Denis, 314.

Delmas (A.) et Gandy, quincaillerie et art. de Paris, r. St-Louis, Marais, 16.

Deneux (A.) et Gramet aîné, grosse quincaillerie, serrurerie de bâtiments et de meu-

bles, cuivrerie, art. de Paris, r. du Grand-
Chantier, 18.

Desmoulins, quincaillerie, r. du Temple, 12.

Duchemin-Dufayet et Cᵉ, quincaillerie, r.
d'Anjou, Marais, 21.

Duthu, quincaillerie, r. de Crussol, 11.

Frédéric-Marie, quincaillerie, r. du Faubourg-St-Antoine, 31.

Gannivet, quincaillerie, r. St-Martin, 103.

Gaudin, limes et outils, r. de Bondy, 62.

Grondart, quincaillerie et art. de Paris,
r. Jean-Robert, 17.

Guillaume, serrurerie, ferronnerie, art. de
Paris, quincaillerie d'Allemagne, fab. à
Solinger (Prusse), fournitures maritimes,
r. Michel-Lecomte, 24.

Hannoyer (P.), quincaillerie et art. de Paris,
r. des Filles-du-Calvaire, 27.

Havé, quincaillerie, r. Neuve-St-Paul, 10.

Héricourt, quincaillerie, métaux, r. St-Martin, 186.

Lebouvier (Félix) et Pinel, quincaillerie, r. du
Faubourg-St-Martin, 55.

Leguillette (Ch.), quincaillerie, r. du Faubourg-St-Antoine, 50.

Loupot, quincaillerie, r. de la Tixeranderie, 13.

Joanneaux et Gillet, quincaillerie, r. Mauconseil, 22.

Joubert jeune, quincaillerie, r. Saint-An-
toine, 81.

Masson, grosse quincaillerie, art. de Paris,
r. St-Honoré, 9.

Maune, quincaillerie, r. de la Perle, 12.

Monchicourt frères, quincaillerie, r. Quincampoix, 18.

Môre, quincaillerie, r. Royale-St-Antoine, 16.
Morin, quincaillerie, r. Bleue, 1.
Pechard jeune, quincaillerie, r. Neuve-St-Paul, 8.
Peigney (V.), succ., ancienne maison Santerre, quincaillerie en gros et commiss., (passage Jabach), r. St-Martin, 34.
Perin fils, quincaillerie, r. du Grand-Chantier, 7.
Petitjean, quincaillerie, r. Charonne, 3.
Pillard, quincaillerie, r. des Arcis, 50.
Pille jeune, quincaillerie, r. du Petit-Thouars, 19.
Pinchon, quincaillerie, r. Grenétat, 26.
Pucey aîné, tabletterie et quincaillerie, r. St-Denis, 227.
Raffin (J.) et Cᵉ, instruments d'agriculture, r. Grange-aux-Belles, 7 bis.
Riecke et fils, dépôt de quincaillerie de leurs fabriques de Remscheid (Prusse), quincaillerie française et art. de Paris, art. pour les colonies, r. Phelippeaux, 15.
Rognon (C.), quincaillerie et art. de Paris, r. Montmorency, 14.
Rossolin frères, achat de quincaillerie, r. de la Corderie-du-Temple, 1.
Schloos, quincaillerie, r. Portefoin, 12.
Seyer (A.), quincaillerie, r. d'Orléans, Marais, 6.
Thomassin (Eugène), quincaillerie, boul. St-Denis, 1.
Villard, quincaillerie, r. de Braque, 5,
Varnier (A.), quincaillerie, r. St-Denis, 213.

SELLERIE, HARNACHERIE, CARROSSERIE, ARTICLES DE PONT-AUDEMER.

Delage, harnacherie, passage Saulnier, 4 bis.

D'Hennin, sellerie, r. des Fossés-St-Germain-l'Auxerrois, 14.

Estelle (J. J.), sellerie et passementerie, r. des Vieux-Augustins, 11.

Gagne, sellerie, harnacherie, r. Saint-Martin, 240.

Hénoque et Vanwers, articles de Pont-Audemer, éperonnerie, r. Bas.-du-Rempart, 14.

Lamare-Gauthier, sellerie, r. St-Anastase, Marais, 7.

Lebas, art. de sellerie, achats, r. Meslay, 46.

Lemercier (N.), harnacherie, boulev. St-Martin, 18.

Lepeuple, art. de sellerie, r. Meslay, 41.

Liegard frères, carrosserie, r. du Val-Ste-Catherine, 19.

Lorant, carrosserie, r. Pont-aux-Choux, 17.

Morel des Boulets, sellerie, r. des Francs-Bourgeois, 11.

Nau frères, fab. de selles et de harnais pour la France et l'exportation, fournisseur des haras royaux, dépôt des produits de la manufacture de Pont-Audemer, r. de Trévise, 6 (faub. Montmartre).

Robert frères, sellerie et quincaillere, r. de Lancry, 17.

Trouet (A.), sellerie, r. Boucherat, 5 bis.

SOIES EN BOTTES ET ÉCRUES.

Burlat, soies en bottes, r. d'Enghien, 13.

Fabre (Ch.), succ. de la maison Hébert, soies teintes et écrues, r. St-Denis, 124.

Silvestre et Cᵉ, soies, r. Meslay, 65.

SOIERIES ET RUBANS.

Bauche (Léon), soierie, r. Thévenot, 8.

Bateman (W.), soieries et art. d'Angleterre, r. St-Roch-Poissonnière, 8.

Clouet-Viollet et Ce, étoffes et rubans de soie, r. Richelieu, 76.

Desjardins et Megret, soieries et rubans en gros, r. Vivienne, 2 bis.

Ducellier frères, soieries en gros, r. du Mail, 11.

Duval, soieries et rubans, r. Vivienne, 35.

Giot, soieries, art. de Lyon, r. d'Argenteuil, 45 bis.

Girauld-Rousselet (J. M.), soieries, r. Croix-des-Petits-Champs, 41.

Grelou, merceries, rubans de soie, r. St-Denis, 171.

Guillet et Ce, rubans, r. St-Denis, 115.

Havart et Hamot, soieries, r. des Fossés-du-Temple, 10.

Hervieux-Potard, nouveautés, soieries et rubans, boulev. des Italiens, 23.

Letrait, étoffes de soie, r. de la Vrillière, 8.

Londe et Brandao, soieries en gros, pl. des Victoires, 3.

Michelin, rubans de velours, r. Montmartre, 139.

Mongrolle (A.), rubans de soie, r. St-Denis, 101.

Papin, soieries, r. des Fossés-Montmartre, 4.

Pussey (Ch.), soieries et rubans, achat et vente, r. de la Paix, 15.

Rollin, rubans, soieries. r. Vivienne, 12.

Romiguière aîné, rubans, r. Verdelet, 8.

TISSUS LAINES, FILS COTONS, BLANCS, ÉCRUS ET IMPRESSIONS.

Angremy frères, tissus de laine, r. de Cléry, 9.

Barbier-Boucher, toiles d'emballage et à sacs en tous genres, toiles à coller d'Abbeville, le Mans et Armantière; fait la commiss.

pour tous les divers genres de toiles, r. Thibautodé, 7 et 9.

Batereau père et fils, meubles, damas, mouchoirs, r. du Sentier, 18.

Baucoirand, laines, boul. Bonne-Nouvelle, 28.

Bigot, art. de St-Quintin, r. du Sentier, 3.

Blay (Ach.), laines et coton, r. Lafayette, 9.

Boissaye-Francœur et Cᵉ, calicot, r. du Gros-Chenet, 4.

Bollard aîné, toiles, laines, crins et plumes, r. du Petit-Carreau, 5.

Bonnevie jeune, tissus de laine, r. du Petit-Carreau, 7 et 13.

Boucoirand (Hte) et Cᵉ, tissus de laine, r. St-Joseph, 10.

Bricka, laines, r. Paradis-Poissonnière, 32.

Brière, Pelletier et Michaud, étoffes, r. St-Martin, 151.

Calon, tissus de laine, r. des Petites-Écuries, 13.

Cambronne frères, de St-Quentin, tissus de laines, r. du Sentier, 22.

Canela, fils aîné, tissus, art. de Lyon, r. Bergère, 7 ter.

Carlier (A.), mousseline de laine, r. Montmartre, 73.

Caron-Langlois fils, tissus de laines, r. des Petites-Écuries, 15.

Caron-Marlio et Cᵉ, dépôt des art. de Tarare et St-Quentin, r. de Cléry, 9.

Carsenac (H.), calicots et meubles, r. des Jeûneurs, 12.

Cesbron neveu et Robert (Charles), art. d'exportation, Alsace, St-Quentin, Tarare, r. du Sentier, 24.

Chartier fils jeune, laines, r. des Petites-Écuries, 19 bis.

Dauchel jeune, tissus, r. de Cléry, 16.

Daudré, nég., art. de St-Quentin et Tarare, tissus d'Alsace, exportation, r. Bertin-Poirée, 13.

Decle aîné et Cᵉ, mousseline, laine, r. Nve-St-Eustache, 7.

Delille, tissus, r. du Sentier, 3.

De St-Martin et Roux, tissus, cachemires et nouveautés, pl. des Victoires, 1.

Dreyfus (Léopold), commiss. en tissus. On trouve chez lui des soldes de marchandises traitées au-dessous du cours, r. de la Jussienne, 8.

Dubois et Dupuytren, tisus de laines, r. des Jeûneurs, 3.

Dupont, Aubé et Cᵉ, tissus de laine, nouveautés, r. Neuve-St-Eustache, 26.

Feron aîné, coutils et toiles à matelas, r. St-Martin, 62.

Floquet, tissus de laine, r. Neuve-St-Eustache, 40.

Flamant-Busine et Cᵉ, art. d'Amiens, Roubaix et Laval, r. des Deux-Boules, 8.

Flamant, Japuis et Kastner, toiles peintes pour ameublements, tissus de laine, écrus et imprimés pour meubles, r. St-Joseph, 4.

Francez (J.), tissus et art. de Paris, r. Grenétat, 25.

Gervaise et Richard (Jules), nouveautés pour ameublement, r. de Cléry, 29.

Gilles, tissus de St-Quentin, r. de Mulhouse, 7.

Guerbette (C.), achat à la commission, châles, mérinos, soieries, tous les articles de nouveautés et de Paris, principalement pour la Bretagne et l'exportation, r. des Deux-Portes-St-Sauveur, 34.

Guilbert (E.), toiles et mousselines peintes, r. du Sentier, 9.

Guybert (A.), mérinos, r. du Mail, 1.

Guyot, art. de Troyes, r. du Caire, 29.

Hautot et P. Courthiade, calicots, percales, brillantes étoffes pour meubles, r. du Sentier, 14.

Hering (A.) jeune, calicots, r. des Jeûneurs, 7.

Isaac (Eg.) et Lafontaine, toiles, r. St-Fiacre, 1.

Jaurès-Armingaud et Ce, laines, r. Trévise, 6 bis.

Jeannet (L.) et Joubert, tissus de laines, r. St-Joseph, 5.

Johnston et Ce, calicots et coton filés, r. du Sentier, 18.

Journé et Grisier, tissus, r. Bertin-Poirée, 5.

Klug (Ch.) et Emson, lainage, r. Trévise, 11.

Labaume, tissus de laine, r. du Sentier, 21.

Labbé (E.) et Ce, mousseline, r. du Sentier, 9.

Landauer et Maus, tissus, r. Bergère, 7 ter.

Lascols de la Lozère, agent des fabricants, balles d'échantillon de tissus de laine, fort dépôt spécial de pilotes anglais et cretonne coton pour chemises militaires, imp. des Bourdonnais, 6.

Lecointe (Aug.), tissus de laines, r. Hauteville, 18.

Lecus et Thibault (G.), art. de Roubaix, r. des Deux-Boules, 6.

Letourneur-Morel, calicots et mousseline, r. St-Martin, 88.

Lieutenant (A.), étoffes, et art. de Paris, r. Bleue, 26 ter.

Loridan frères, dépôt des art. de Roubaix, Laval et Amiens, r. Bertin-Poirée, 10.

Menet et Possoz, calicots, r. du Sentier, 1.

Meslier (P.), calicots et meubles, r. du Gros-Chenet, 19.

Meyer (Gustave-Laurent), étoffes, r. Hauteville, 7.

Morisset (Edme) et Cᵉ, mousseline de laine, r. du Sentier, 16.

Moulin (Louis), laines, r. Paradis-Poissonnière, 7.

Muller (F. et C.), mousselines, laines, impressions sur coton, r. du Sentier, 3.

Mau-Schlumberger et Hussenot, calicots et art. d'Alsace, r. du Sentier, 11.

Paraf, Javel, Petillot et Cᵉ, impressions d'Alsace, r. du Sentier, 20 bis.

Pitard (Ate) et Massacry (Édouard), étoffes satinées, nouveautés, r. Neuve-St-Eustache, 31.

Renouard (Em.), étoffes, r. de l'Échiquier, 15.

Renouard (H.), étoffes pour meubles, r. Richelieu, 104.

Richard-Lagerie frères, mérinos, flanelles et nouveautés, r. Coquillère, 46.

Richemond, Jolivard et Chereau, toiles peintes, jaconas, art. d'export., impressions sur laine, art. de nouveautés, r. du Gros-Chenet, 6.

Romagny (Auguste) et Pion (E.), tissus écrus, r. du Sentier, 18.

Sabran (Van) et G. Jessé, tissus écrus, en laine, et mélangés pour la teinture, l'impression et la broderie, nouveautés, couleurs en robes, châles et écharpes, barrèges, etc., etc. ; fab. au mont d'Origny (Aisnes), r. St-Joseph, 3.

Selleron (E.), Delangle et Cᵉ, nouveautés en impression et tissus, r. du Sentier, 20 bis.

Soyez, achats et ventes par commission, calicots croisés, cretonnes et tissus de coton
écrus et blancs d'Alsace, toiles, fils de
chanvre, lin, étoupe, mouchoirs de Chol-
let, des principales fabriques de France;
reçoit toutes espèces de consignation, r. des
Lavandières-Ste-Opportune, 22.

Surmont, nouveautés, impressions et tissus,
r. du Sentier, 2.

Teissier, laines, r. de l'Échiquier, 38.

Vacquand (G.), art. d'Amiens, Reims, Lille
Beauvais à la comm., r. des Deux-Boules, 2.

Valin (L.), laines, r. des Petites-Écuries, 23.

Viguier fils, toiles et linge de table ouvré et
damassé en fil, des fab. françaises et étrangères, r. des Mauvaises-Paroles, 18.

Wacrenier (H.), étoffes, pl. des Victoires, 6.

**VINS, EAUX-DE-VIE, ESPRITS ET LI-
QUEURS.**

Bouteloup (J. C.), vins, r. des Sts-Pères, 71.

Cary, alcools, r. Paradis-Marais, 9.

Charles (J.) et Douchement, vins, r. St-Denis, 309.

Duvrac, vins et liqueurs, r. de la Tixeranderie, 25.

Fonade, vins, r. Grange-Batelière, 24.

Fuzerot, vins, r. de la Victoire, 36.

Gallien (H.), vins, r. du Faub.-St-Denis, 8.

Labonne, vins et eaux-de-vie, r. Feydeau, 6.

Laborde (J.), vins, r. Grange-Batelière, 22.

Lejeune fils aîné, tresses pour chaussons et
dépôt de vins en pièces à Bercy, r. Fontaine-du-Temple, 25.

Leroy (H.), esprits et huiles, r. Paradis-Marais, 12.

Mogin-Nebel, vins de Champagne, r. Geoffroy-Marie, 14.

Monteret, vins, r. Bar-du-Bec, 9.
Piquot, vins, r. St-Honoré, 323.
Rutter (Ed.), vins et art. de Paris, r. Louis-le-Grand, 10.
Tassy, vins, r. Trévise, 19.
Wasilewski (Jules), dépôt de vins d'Espagne et du Rhin, et agent de diverses maisons du nord de l'Europe, r. de l'Échiquier, 24.

NOMS

DES

COMMISSIONNAIRES ET EXPORTALEURS DE PARIS

PAR ORDRE DE RUES.

ABBAYE (de l').

9. Rosa-Auzon et C°, librairie espagnole.

AIGUILLERIE.

6. Audoin (L.), art. de Paris, et registres.

AMBOISE (d').

6. Paul, châles, nouveautés.

ANGOULÊME (du Temple).

6. Vilain et Tousche, art. de Paris.

ANJOU (Marais).

6. Liesse et Durand, art. de Paris.
8. Cosson-Duquesne, bijouterie.
8. Albitès (Aug.), seul dépôt des plumes métalliques de W. Michell et art. anglais;
M. Auguste Albitès représentant différentes
maisons anglaises.
13. Roux (B.), art. de Paris et boutons.
13. Vallet fils, bijouterie, joaillerie.
19. Perraud jeune, jouets et art. de Paris.
21. Duchemin-Dufayet et C°, quincaillerie.
21. Piot (C.), bijouterie.

ARCIS (des).

50. Pillard, quincaillerie.

ARGENTEUIL (d').

45 bis. Giot, soierie, art. de Lyon.

BARBETTE.

6. Cusinberche fils, droguerie, art. de Paris.
8. Avelin (Édouard), art. de bureaux.

9. Declermont et Ce, coupeurs de peaux de lièvres et de lapins; poil de lièvres de Russie et d'Allemagne, de castors, de rat-musqué, etc., propre à la chapellerie. Sauvagines et lapins lustrés pour l'exportation.

BAR-DU-BEC.

4. Monod (J.), produits chimiques.
9. Monteret, vins.
11. Deriencourt (Louis), huile.
21. Muret (A.) et Bachoux, épicerie en gros, et commission.

BASSE-DU-REMPART.

14. Hénoque et Vanwers, art. de Pont-Audemer, éperonnerie.
18. Aimée-Henry, modes et robes.
38. Botella, art. de Paris. (Passage Cendrié.)
48 ter. Pajot, pianos.

BATOIR SAINT-ANDRÉ (du).

12. Clary, librairie.

BEAUREPAIRE.

3. Henon, peaux brutes, fabrique et laines, commissionnaire.
10. Guérineau (Henri), peaux et laines.
13. Crignon, chaussures.
28. Verillon (E.), cuirs et peaux.

BERGÈRE.

7. Avrial, frères, art. de Paris.
7 bis. Gomez (G.), art. de Paris.
7 ter. Canela, fils aîné, tissus, art. de Lyon.
7 ter. Landauer et Maus, tissus.
13. Honoré, draperie.
21. Chéron fils frères et Ce, art. de Paris.

BERRY (de) Marais.

10. Jaudin et Garce, bijouterie et art. de Paris.

12. Delettrez, bronze.

BERTIN-POIRÉE.

5. Journé et Grisier, tissus.
9. Plançon, draperie de Sédan.
10. Loridan, frères, dépôt des art. de Roubaix, Reims, Laval et Amiens.
11. Supplisson (E.), draperie.
13. Daudré, art. d'exportation, St-Quentin et Tarare, tissus d'Alsace.
22. Vignon, art. de Paris.

BILLETTES (des).

20. Sabatié, droguerie et teintures.

BLANCS-MANTEAUX (des).

13. Carlbian, commiss. et consignation, dépôt de colles et gélatine.
22. Salleron (L. B.), cartonnage fin.
29. Simon, art. de Paris.
30. Dumanoir et Cᵉ, bois des Iles.
30. Wertheimer fils, bijouterie, joaillerie.

BLEUE.

1. Morin, quincaillerie.
3. Mars (H.), art. de Paris.
17. Boensch (P.), art. de Paris.
26 ter. Lieutenant (A.), étoffes et art. de Paris.
27. Hartemann, art. de Paris.
36. Pannier jeune, laines et grains.

BONDY (de).

5. Maurin (Ch.) et Cᵒ, art. de Paris.
16. Bernard (C.), art. de Paris.
18. Poirier, frères, art. de Paris.
19. Julliany (B.), père et fils, art. de Paris.
26. Dujardin, art. de Paris pour Cartagène.
26. Lescuyer, art. de Paris.
30. Bolviller (M.), horlogerie.

38. Barry aîné, **quincaillerie.**
42. Fabre et Sales, **art. de Paris.**
48. Blève, **cuivre estampé.**
48. Hottot, **pendules.**
50. Block (D. G.) et C°, **commiss. en marchandises, art. de Paris.**
60. Berens Blumberg et C°, **art. de Paris.**
62. Gaudin, **limes et outils.**
70. Dufour-Chabrol, **art. de Paris.**

BONS-ENFANTS (des).

23. Lièvre (Alexand.), **art. de Paris.**
26. Gavelot jeune, **librairie.**
29. Monin, **farines.**
29. Mazzucchelli aîné, **comestibles, produits d'Italie.**

BORDA.

3. Mazet (Clément), **fourniture de parapluies et art. divers.**

BOUCHERAT.

2. Vandroogenbrœck (G.), **bijouterie et art. de Paris.**
5 bis. Trouet (A.), **sellerie.**
32. Deraismes et Boisard, **art. de Paris.**

BOULOY (du).

10. Vigier jeune, **art. de Paris.**
19. Routhier, **art. de Paris.**
19. Mazoyer, **nouveautés.**

BOURBON-VILLENEUVE.

5. Israël (A.), **étoffes, nouveautés.**
7. Pesel et Menuet, **matière première pour chapellerie.**
7. Bellemois (Das.), **art. de Paris.**
35. Burlot, **papeterie, spécialité pour la nouveauté.**
37. Bertin et Albaret fils, **art. de Paris, nouveautés.**

BOURDONNAIS (des).

2. Mahieu et Baudot, spécialité de nouveautés pour pantalons et paletots d'été.
8. Bernier Pinchon et René, bonneterie.
11. Griollet, Seillier et Chamboiron, bonneteterie de soie.
17. Chambaud neveu et Ce, ganterie et bonneterie.

BOURG-L'ABBÉ.

11. Deschevailles (V^e.), jouets d'enfants.
20. Chabrol et Berry, coutellerie.
21. Aucler (A.), mercerie, quincaillerie.
22. Gourdin, éponges et perles.
22. Lepage frères, armes.
31. Rosset et Gayda, jouets et art. de Paris.
34. Voizot (E.), quincaillerie fine, perles, art. de Paris. (Passage de l'Ancre.)
50. Mogis (A.), art. de Paris, perles de Venise, tabatières d'Ecosse.
52. Malzac, ganterie, peausserie.

BOURTIBOURG.

14. Thébault, droguerie.
18. Gion (J.), droguerie.
21. Beaumont, teinture.

BOULEVARD BONNE-NOUVELLE.

8. Poulet, art. de Paris.
10. Paul (Auguste), bijouterie.
10. Baboneau (Auguste), achats pour l'Inde et l'Afrique.
25. Chavagnat (E.), art. de Paris.
25. Sargenton (J.) et fils, art. de Paris.
28. Liesching (L.), art. de Paris.
28. Broleman et Ce, Gubiant, représentant, art. de Paris,
28. Baucoirand, laines.

BOULEVARD DES CAPUCINES.

29. Parker, art. pour l'Angleterre.

BOULEVARD DES ITALIENS.

19. Lheurin-Meynard, ameublement.
23. Hervieux-Potard, nouveautés, soierie et rubans.

BOULEVARD MONTMARTRE.

12. Cerf et Michel, dépôt de cachemires des Indes.
14. Roques, curiosité, art. pour le Mexique.

BOULEVARD POISSONNIÈRE.

4. Lemaire-Daimé, art. de Paris, moules pour faire des cigarilles.
8. Bodoy, chapellerie.
14. Niquet (F.) et Chatard, art. de Paris.
23. Memo (E.), nouveautés.
24. Pahud (H.), fleurs artificielles, nouveautés.
24. Berry, art. de Paris.
25. Johanneau, papiers en gros et fourniture de bureau.
30. Barbedienne, papiers peints et bronze.

BOULEVARD SAINT-DENIS.

1. Thomassin (Eugène), quincaillerie.
12. Jouin jeune et Camus aîné, art. divers.
24. Hayem, art. divers.

BOULEVARD SAINT-MARTIN.

4. Ronzaud (A.), art. de Paris.
17. Lezer, art. divers, porcelaine.
18. Lemercier (N.), harnacherie.
31. Janvier jeune, art. divers.

BRAQUE (de).

2. Bordes (Victor), aîné, jouets et art. de Paris.

2. Depinay (L.), huiles.
4. Perichon, soierie et chapellerie.
5. Villard, quincaillerie.
6. Jomard fils, droguerie pour teinture.
6. Dumont, produits chimiques.
6. Dubourcq (J. S.), art. de Paris.

CADRAN (du).

7. Jubault, farine.
14. Hahne (A.), jouets, nouveautés et art. de Paris.
20. Guenie (J. J.), librairie.

CAIRE (du).

23. Vild et comp., Chapeaux de paille.
28. Clément (A.), art. de Paris et chapeaux de paille.
29. Guyot, art. de Troyes.

CALANDRE (de la).

54. Leleux, fournitures d'horlogerie.

CHABROL.

42. Labreuvoir et Damerat, art. de Paris, maison à Rio-Janeiro.

CHAPON.

2. Lemaire, jouets et art. de Paris.
5. Esch (Hermann), art. de Paris.
5. Laurant, art. de Paris.
5. Turpeau, art. de Paris.
13. Simon (P.), successeur de Roulez et Simon, Jouets d'enfants en gros des fabriques d'Allemagne et de France.
16. Robert (D.), art. de Paris.
16. Delaval et Maresquelle, art. de Paris.
16. Delabarre (A.), produits chimiques.
20. Sanoner neveu et comp., jouets d'enfants en gros des fab. d'Allemagne et de France.

23. Farret, art. de pendules, d'horlogerie en pendules confectionnées en grand assortiment.

CHARLOT (Marais).

4. Burghet, quincaillerie.
8. Paillard (V.) jeune, quincaillerie et art. de Paris.
12. Ribeaucourt, Bourgeois et comp., produits chimiques.
19. Chevré aîné, papeterie fine, fournitures de bureaux pour la France et l'étranger; art. de reliure en tous genres; nouveautés en maroquinerie et en cartonnage.
35. Constant, jouets et art. de Paris.
39. Gerson (Kauffmann), art. de Paris.

CHARONNE.

3. Petitjean, quincaillerie.

CHAUCHAT.

2 bis. Nunez, art. Paris.

CHAUME (du).

7. Remy-Gravier, fab. de chapeaux et casquettes de fantaisie en tout genre pour enfants; dépôt de chapeaux de paille d'Italie et latanier.
7. Morel (F.) et J. Fère, droguerie.

CHAUSSÉE D'ANTIN (de la).

12. Lechat et Drouet, lingerie-nouveautés.
19. Toy (W.-E.), porcelaines.
37. Toché, art. de Paris.

CHOISEUL.

2. Ganthier de Latouche, vins, représentant d'une société de Bordeaux.
8. Drin, cuivre estampé.

CIMETIÉRE SAINT-NICOLAS (du).

5. Videau et Coiffier, jouets et art. de Paris.
12. Humbert frères, art. de Paris.

CINQ-DIAMANTS (des).

11. Carré et Barrande, cuirs vernis, chevreaux bronzés et noir, marchand de toutes espèces de peausserie en gros.
24. Peghaire, droguerie.

CITÉ BERGÉRE.

10. Engler, art. de Paris.

CITÉ TRÉVISE.

5. Glénard (F.) et S. Deshouille, art. étrangers et français.
6. Domecq (D.), art. de Paris.
20. Bretocq (A.) et C°, art. de Paris; commission, achats et vente pour la France et l'étranger; — maison à Dunkerque (Nord), sous la raison Bretocq, Perot et Humoir.

CLÉRY (de).

9. Crémière-Large, broderies, nouveautés.
9. Angremy, frères, tissus de laine.
9. Anrès, Taperin et Creton, art. de Paris et de Lyon.
9. Sabouret, tapis de tous genres et couvertures, laine, coton et autres.
9. Caron-Marlio et comp., dépôt des art. de Tarare et St-Quentin.
11. Douche fils, draperie, nouveautés.
16. Dauchel jeune, tissus.
21. Monin et C°, passementerie.
29. Gervaise et Richard (Jules), nouveautés pour ameublement.

30. Lecaille (A.) et Levasseur, tulles, dentelles et foulards.
100. Laulhé (Lucien), spécialité, produit d'Espagne, tels que fruits secs, vins, blés.

CLOCHE-PERCHE.

10. Michel-Noël, horlogerie.

CLOITRE-SAINT-JACQUES (du).

1. Lévêque, cuirs.
8. Chartier, fils jeune, peausserie.
8. Rumpe (Jean Gas.) et Ce, fabrique d'aiguilles, d'alènes et de dés à coudre.

CLOITRE-SAINT-MÉRY (du).

6. Perée, fruits secs.
8. Girod, frères, boîtes en sapin, fromages et art. de la montagne.

COQUILLÈRE.

12 bis. Blanchet et Nouette-Delorme, papier en gros pour l'exportation.
46. Richard-Lagerie, frères, mérinos, flanelles et nouveautés.

CORDERIE DU TEMPLE (de la).

1. Rossolin frères, achat de quincaillerie.
13. Desfosses, art. de Paris.
15. Sencier et Belin, sucre indigène.
21. Amy frères, art. de Paris.

COUR DES MIRACLES.

8. Ingelbach (F.), agent et dépositaire de fabriques d'Allemagne, aiguilles à coudre, rubans de fil et mérinos, art. de Nuremberg et de Saxe, dépôt de pierres d'agates, glaces, or faux en feuilles et en poudre.

COUR DES PETITES-ÉCURIES.
(Faub. St-Denis.)

10 bis. Gamard et Colliau (V.-F.), fil de fer

à cardes, à laminer; pointes de Paris; tréfilerie de toutes espèces de fils de fer.

CROISSANT (du).

10. Brebam (A.), art. de Paris.

CROIX-DES-PETITS-CHAMPS.

29. Berrurier (Ed.), cravates de soie et
nouveautés.
37. Talamont et comp., nouveautés pour
habillements d'hommes.
41. Girauld-Rousselet (J.-M.), soieries.
42. Bautte, horlogerie.

CRUSSOL (de).

11. Duthu, quincaillerie.

CULTURE SAINTE-CATHERINE.

12. Courvoisier, armes et quincaillerie.
42. Gardien et Cheron, art. divers.
52. Rolland, meubles.
54. Julien, bijouterie.

DAUPHINE.

30. Tachy (A.) et comp., mercerie, broderie, tapisserie, laines, soies, coton et
tout ce qui est relatif au travail des
dames; fab. d'aiguilles à la française,
s'enfilant les yeux fermés, d'épingles
perfectionnées.

DÉCHARGEURS (des).

3. Plaine frères et Caron, draperie.
4. Moreno-Henriquès, draps et nouveautés
de Sédan, Louvier, Elbœuf et du
Midi.
10. Lefèvre et Ch. René, bonneterie, fab.
de lainages à Hourges, près Villers-
Bretonneux et Moreuil (Somme), fab.
et maison à Troyes pour les articles de

coton, spécialité en fantaisie pour l'exportation.

11. Mocqueris aîné et comp., grand bureau de bonnetterie, art. coton pour export. en bas; chaussettes et ganterie; pantalons, camisoles et jupons ; art. de Troyes.

DEUX-BOULES (des).

2. Vacquand (G.), art. d'Amiens, Reims, Lille et Beauvais à la comm.
6 Lecus et Thibault (G.), art. de Roubaix.
7. Fromageot, étoffes, nouveautés.
8. Flamant-Busine et comp., art. d'Amiens, Roubaix et Laval.
13. Rathier (J.), draperie, nouveautés.

DEUX-ÉCUS (des).

35. Oppenheim (Paul), pierres fines.

DEUX-PORTES SAINT-SAUVEUR (des).

16. Warambon-Bernon, broderie.
18. Dufour, modes, bonnets, coiffures.
34. Guerbette (C.), achat à la commission, chales, mérinos, soierie, tous les articles de nouveautés et de Paris, principalement pour la Bretagne et l'exportation.

ÉCHIQUIER (de l').

5. Hefti (Oswald), art. de Paris.
5. Rosenthal et Dilsheimer, art. de Paris, nouveautés,
11. Graetzer et Hermann, nég., commiss.
12. Double, frères, art. divers.
15. Limozin (H.), art. de Paris.
15. Kulp, frères. art. de Paris.
15. Renouard (Em.), étoffes.
15. Orbelin (P.), art. de Paris.

16. Immerwahr (H.), négociant commiss.
17 bis. Noël (Hte.), soie et droguerie.
19. Valois jeune, art. divers.
21. Gardère (E), art. divers.
23. Brochery, art. divers d'exportation.
24. Wasilewski (Jules), dépôt de vin d'Es-
    pagne et du Rhin, et agent de diverses
    maisons du nord de l'Europe.
26. Maupetit (C.), jeune, représentant de
    fabriques françaises et étrangères.
26. Mullot, commissionn. en marchandises
    diverses et consignations de navires.
28. Hunt (Ch.), agent des fabriques françaises
    et étrangères; dépôt des tresses de
    paille d'Italie, suisse, anglaises et bel-
    ges, et chapeaux de paille d'Italie pour
    hommes.
28. Krauss, art. de Paris, soiries.
31. Moitessier fils, négociant, commission.
34. Debbeld et Fischer, négociants, commis-
    sionnaires, art. d'Allemagne.
34. Troy et Cᵉ, art. divers.
34. Vogel (F.), art. d'exportation.
36. Masson (Félix), achat à commission pour
    la France et les colonies.
36. Albrecht (Robert), art. divers.
36. Colliard (Félix), art. divers.
38. Fournier (Armand), art. divers.
38. Teissier, laines.
38. Flous et Bruzon (Jh.), commission-
    naires et expéditeurs en transit pour
    la Péninsule; maison à Bayonne.
40. Leorat (E.) et Ferrant, art. de Paris.
44. Fableguettes (Eug.), fils et Morra, art.
    divers.
44. Aubry (Ch.), art. divers.

ÉCOUFFES (des).

29. Lemercier frères, produits chimiques.

ENFANTS-ROUGES (des).

4. Guillemard aîné, bijouterie.
4. Goubert et Montariol, bijouterie.
8. Mauclair, art. Paris.
9. Aubert (Ed.), quincaillerie.

ENGHIEN (d').

5 bis. Chamerlat fils, agent de fab. françaises et étrangères.
5 bis. Lorne et Frois, art. divers.
6. Bucaille (Léon), art. de Paris.
6. Girardeau et Pauchet, exportation pour l'Amérique.
6. Liesching (Thé.) et C°, porcelaines.
6. Hendle et C°, commiss. en art. divers.
7. Rousseau (H.), art. de Paris pour les colonies.
9. Vieira (M. J.), art. divers d'exportation.
10. Goer (Hte de), art. divers.
10. Leuba (A.) et C°, art. de Paris.
13. Moris (Ch.) et C°, nouveautés.
13. Burlat, soies en bottes.
13. Mansoz frères, nouveautés en tous genres.
13. Lucassen, art. de Paris.
17. Basquin Aries et Sempé, exportation, maison à la Martinique.
17. Auger et C°, armes pour l'exportation.
18. Dardespine (A.) frères, armes. (Cour des Petites-Ecuries, 22.)
18. Lamare et Vanbonn, art. divers. (18, Passage des Petites-Ecuries, faubourg St-Denis).
19. Dutilloy et Faultes (Ad.), armes.
22. Poullain, frères, art. de Paris.

22. Honnegger (A.) et Cᵉ, art. de Paris.
24. Drevet Cousins, art. divers.
24. Atrange (C. B.) et frères, fleurs.
26. Jager Schmidt (G.), art. divers.
30. Say (Alfred) et Cᵉ, art. d'exportation.
32. Dupuis (J.) et Halphen (L.), consignation et art. divers.
32. Allain et comp., art. de Paris.
32 bis. Pitrat (C. M.), art. divers.
34. Heuzé frères, art. divers pour l'Amérique.
34. Delarue (Th.) et Cᵉ, art. divers.
34 bis. Nogaro (Théophile), art. divers d'exportation.
39. Riedl et Helwerth, négoc. commiss., représentants des fabr. d'Allemagne et d'Angleterre.
40. Gavoty (Hte), représentant de diverses fabriques.
40. Serres, art. divers pour l'Amérique.
43. Rosenbaum, art. d'exportation.

ÉPERON (de l').

9. Aubry-Dile-Roup, édition et librairie.

FAUBOURG SAINT-ANTOINE.

28 bis. Osmont, tapisserie.
31. Frédéric-Marie, quincaillerie.
50. Leguillette (Ch.), quincaillerie.
89. Choron (Jean), quincaillerie.

FAUBOURG SAINT-DENIS.

8. Gallien (H.), vins.
43. Devolué et Meuron, art. divers.
82. Chapuis (Edouard), achats de tous articles pour les colonies; dépôt de creusets et briques infusibles de Deyeux-Gabre et Cᵉ.

90. Nicolaï, art. de Paris.
99. Ahrenfeldt, art. de Paris pour la Martinique.

FAUBOURG SAINT-MARTIN.

13. Schmitz, frères, bijouteries et art. de
Paris.
55. Lebouvier (Felix) et Pinel, quincaillerie.
61. Brun (J.), Larosière et Court, fleurs artificielles. (Maison à New-York.)
82. Geraud frères, art. de Paris.
82. Gunther et Pirlot, armes, art. de Paris.
84. Grangé, art. divers.
99. Bruel, art. divers.
115. Muller fils et C*, art. divers.
126. Deconchy. marbres.
142. Desplanques, laines.
174. Desprez, art. de Paris.

FAUBOURG MONTMARTRE.

13. Roullet, art. divers.
78. Leperdriel, pharmacien; spécialité pour
vésicatoires et cautères, bas élastiques
en caoutchouc contre les varices, etc.

FAUBOURG POISSONNIÈRE.

2. Simounet (Agt.), art. de Paris.
3 bis. Bert (Louis), modes et corail.
19. Storrow (C. W.), art. de Paris pour
l'Amérique.
19. Grenier (A.), nouveautés.
31. Jacobsen (Henri), art. de Paris.
32. Billard (A.), art. de Paris.
34. Vallès, art. de Paris.
35. Pétry, porcelaines.
40 bis. Rodriguez et Siégel, art. de Paris.
54. Pelletrean (Jules), art. de Paris.

FAUBOURG DU TEMPLE.

16. Desorcy, bronze et art. de Paris.
25. Leroy et Bourdon, porcelaine et bronze.
25. Groizillier (Léon), art. de Paris.
48. Naury (J. B.), art. divers.

FEYDEAU.

6. Labonne, vins et eaux-de-vie.

FIDÉLITÉ (de la).

15. Leunenschloss (Mathi.), grande fabrique de tissus pour bretelles de passementerie et nouveautés par métier mécanique.

FILLES DU CALVAIRE (des).

27. Weygand (Auguste), bronze et art. de Paris.
27. Flobert (J.), art. de Paris, exportation.
27. Hannoyer (P.), quincaillerie et art. de Paris.

FOLIE-MÉRICOURT.

18. Michaud, parfumerie.

FONTAINES DU TEMPLE (des).

18. Dunaud (T.) et Louis Porlier, art. de Paris.
18. Varez et Gauthrin, art. Paris.
25. Lejeune fils aîné, tresses pour chaussons et dépôt de vins en pièces à Bercy.

FONTAINE-MOLIÈRE.

19. Legrand, art. pour l'armée.

FOSSÉS-DU-TEMPLE (des).

4. Vial, art. de Paris.
6. Brunet (J.) et Cⁿ, meubles et fauteuils.
30. André (P. F.), art. de Paris.
68. Fox (Ch.), art. divers.

FOSSÉS-MONTMARTRE (des).

1. Alexandre Louis, cachemires.
2. Morand et C°, étoffes de soie unies et nou-
    veautés.
4. Papin, soieries.
6. Brandes, art. divers.
6. Fournier et Pontremoli, cravates, nou-
    veautés.
10. Havart et Hamot, soieries.
14. Devicfville et Augée, draperie, nou-
    veautés.

FOSSÉS S.-GERMAIN L'AUXERROIS.

14. D'Hennin, sellerie.
36. Strauss, librairie.

FOUR SAINT-GERMAIN (du).

43. Gérault, draperie, bonneterie, flanelle.
47. Roque, art. de Paris.

FOUR-SAINT-HONORÉ (du).

25. Blée et Thupin, épiceries.

FRANÇAISE.

2. Vassal, cuirs.
2. Guerry fils, peausserie.
3. Guerlin, Houel et comp., cuirs.
6. Houel frères, commissionnaires en
    cuirs.
7. Christin frères, peausserie.
8. Sonis (J.), cuirs.
8. Boyenval et comp., cuirs.
9. Grimault aîné, peausserie.

FRANCS-BOURGEOIS (des). Marais.

11. Morel des Boulets, sellerie.
13. Julian, bronze.
14. Chanvin, spécialité pour les confiseurs.
14. Lecoq et comp., cuivre estampé et art.
    Paris.

21 bis. Jardin jeune, sucres.
22. Masséna, droguerie.
25. Chevalier (F.), art. Paris.

GALERIE VALOIS PALAIS-ROYAL.

103 et 104. Corcellet, denrées coloniales,
    vins.

GEOFFROY-MARIE.

5. Lenoir-Puget et Ce, art. de Paris, Rio-
    Janeiro.
10 bis. Léon (Polidor), nouveautés.
14. Mogin-Nebel, vins de Champagne.

GINDRE (du).

5. Corriol (A. F.), **art.** divers d'exportat.

GIT-LE-COEUR.

4. Daran, instrument de chirurgie.

GRAND-CHANTIER (du).

1. Viala, denrées coloniales, comestibles.
1. Poisson (Jules), art. de Paris.
4. Roche (Vve) et Fayet, art. de Paris.
5. Ravelet, boutons, aiguilles et soie.
7. Duponchelle (H.), couleurs et teintures,
    fab. de vernis, commiss. et consigna-
    tion.
7. Perin, fils, quincaillerie.
8. Bordes (A.), jeune, jouets et art. de Paris.
8. Lanciau et Ce, huiles.
8. Pelletier, chapellerie et art. de Paris.
10. Marchand, fantaisie et art. de Paris.
14. Jourdain, art. de Paris.
14. Dorval (J. B.), art. de Paris. porcelaines
    et fantaisie.
18. Deneux (A.) et Gramet aîné, grosse quin-
    caillerie, serrurerie de bâtiments et de
    meubles, cuivrerie, art. de Paris.

GRANDS-AUGUSTINS (des).

9. Passard, librairie.
25. Desforges, librairie.

GRANGE-AUX-BELLES.

2. Riquier, art. de Paris.
7 ter. Hémerdinger, frères, art. de Paris.
7 bis. Raffin (J.) et Ce, instrument d'agriculture.

GRANGE-BATELLIÈRE.

9. Valestein et Ce, art. de Paris pour Rio-
Janeiro.
9. Wallerstein et Ce, art. divers.
11. Desrieux, art. divers p. l'île Bourbon.
13. Audon aîné, grains.
18. Bellet (A.) et Th. Canonville, art. div.
d'exportation.
22. Guenet, art. divers.
22. Laborde (J.), vins.
24. Fonade, vins.

GRENELLE-SAINT-HONORÉ.

14. Montandon, frères, horlogerie, fabrique
au Locle (Suisse).
29. Savoye, frères, horlogerie.
33. Jaubert (Remi), art. divers.
42. Wallaere, farines.

GRENETAT.

2. Rungaldier (J. A.), jouets et art. de Paris.
(Passage Saint-Denis.)
4. Duchamp, coutellerie.
6. Sanoner, jouets et art. de Paris.
25. Servatius (R.), jouets et art. de Paris.
25. Francez (J.), tissus et art. de Paris.
26. Pinchon, quincaillerie.

GRENIER SAINT-LAZARE.

7. Bechevot, jouets d'enfants, art. de Paris,
Saint-Claude et d'Allemagne, commiss.
pour marchands forains.
13. Fournier (F.), fab. de sondes, pessaires,
bouts de seins, bandages, etc. (voir le
détail aux spécialités).
16. Kuhn, chapellerie et fournitures.

GROS-CHENET (du).

3. Vidil (E.) et Hurel, ganteries.
4. Safont (M.) et Cᵉ, art. divers ; maison
à Madrid.
4. Boissaye-Francœur et Cᵉ, calicot.
6. Richemont, Jolivard et Chereau, toiles
peintes, jaconas, art. d'exportat., impression sur laine, art. de nouveautés.
6. Mouchot (Jin), graines.
8. Veyret, Alcain et Cᵉ, art. de Paris.
9. Risler (Alexandre), nouveautés.
19. Meslier (P.), calicots et meubles.

HARPE (de la).

13. Challamel, papeterie et art. de Paris p.
les colonies.
36. Bayeux (A.), ancienne maison Deneux,
quincaillerie, serrurerie, art. de bâtiments, commission en art. de Paris.

HAUTEVILLE.

3. Neville (Frédéric), ganteries.
4. Haraneder (P.), art. de Paris.
7. Meyer (Gustave-Laurent), étoffes.
7. Candy (C.) et Cᵉ, châles.
11. L'Hote (A.), nouveautés, représentant
de la maison Candy de Londres.
13. Sciama, art. divers.
18. Lecointe (Aug.), tissus de laines.

19. Tampied (Hte), art. de Paris.
24. Munroé (John) et Ce, exportation pour l'Amérique.
28. Lambert et Dalboussière, exportation p. l'Amérique.
30. Draper et Ce, comm. pour l'Amérique.
30. Mitjans Villalaz et Ce, expor. Amérique.
30. Schône (Charles) et Ce, nég. comm.
32. Schiltz, frères (J. et A.), art. de Paris.
33. Sèches (D. et Ch.), art. d'exportation.
34. Paya, art. divers d'exportation.
34. Schmidt et Jonghaus, représentants de fabriques d'Allemagne, d'Angleterre et de Belgique.
35. Friedner (Ferd.), **art. divers d'export.**
35. Allen Hazen et Ce art. de Paris.
35. Seris et Ce, art. d'exportation.
42. Lynen (Henri), art. de Paris.
44. Dufour et Denisane, art. divers, comm.; maison à Rio-Janeiro.
47. Bachardon, art. divers.
48. Lanseigne, frères et Anger, laines.
49. Lehman (D.), nég. commissionnaire, nouveauté et art. de Paris.
51. Chambon (Ach.) et Ce, art. de Paris et d'Espagne.
52. Olivier et Personnaz, tous art. de Paris; maison à Lyon et à Bayonne.
52. Boulanger (Ch.) et Ce, art. de Paris.
55. Manini (A.), art. de Paris.
61. Lacombe (J. Ph.), commiss. dans tous les art. de Paris.
61. Bernard, nouveautés.
61. Oller, Chatart et Pattey, art. divers.
66. Rampal (Marius) et Ce, savon, sucre indigène et exotique.

HAUTEFEUILLE.

9. Villaine (C.) et Ce, produits chimiques.

HELDER (du).

11. Kervoyen, art. divers.
12 bis. Leblois (Victor), art. divers.

HOMME ARMÉ (de l').

3. Allais, épicerie.
3. Morizot, fruits secs.
3. Moignet (B.), épiceries.

IMPASSE DES BOURDONNAIS.

6. Lascols de la Lozère, agent des fabricants, balles d'échantillon de tissus de laine, fort dépôt spécial de pilotes anglais et cretonne coton pour chemises militaires.

IMPASSE MAZAGRAN.

1. Wienrich (Ferdinand), art. de Paris.
1. Récart (U.) et Ce, art. de Paris.
8. Rodolphe-Zôhls, art. de Paris ; exportation pour l'étranger.

JEAN-JACQUES-ROUSSEAU.

17. Bourgade, commiss. des courriers de Forbach, Metz, Châlons-sur-Marne et la route de Francfort.
19. Renaud (Hte), horlogerie.
20. Bourgoin fils (F. P.), art. de Paris.

JEAN-ROBERT.

17. Grondart, quincaillerie et art. de Paris.

JEUNEURS (des).

1 bis. Empaire jeune, nouveautés.
3. Delisle (H.), et Passajon, nouveautés et articles de Paris.
3. Dubois et Dupuytren, tissus de laines.

4. Dollfus (Fréd.) nouveautés et meubles.
6. Combaluzier, art. divers p. l'exportation.
7. Hering (A.), jeune, calicots.
8. Bossi, nouveautés et art. de Paris.
9 bis. Brelay, frères, art. divers.
11. Boiduval-Houssoi, broderie.
12. Carsenac (H.), calicots et meubles.
13. Keenan (J.), dentelles et tules brodés.
14. De Baecque (Th.) et Ce, nég. commiss.
15. Fourques (R.), tissus et art. divers.
18. Teisset, art. de Paris.
20. Duquenne (Léon) et Ce, draps et nouv.
20. Dubrusle (J.), art. de Paris.

JUSSIENNE (de la).

8. Dreyfus (Léopold), commiss. en tissus. On trouve chez lui des soldes de marchandises traitées au-dessous du cours.
11. Pléney, achats d'étoffes et nouveautés p. sa maison de Lyon.

LAFFITTE.

1. Olivetti (Raphaël), banque et art. divers.

LAFAYETTE.

9. Blay (Ach.), laines et coton.

LANCRY (de).

6. Chippron (J. G.), étoffes et art. de Paris.
6. Emmel (Henri), art. de Paris.
6. Osmont, art. de Paris.
17. Gérard et Lucaze, art. de Paris.
17. Robert, frères, sellerie et quincaillerie.
22. Hache (A.) et Ce, art. divers.

LAVANDIÈRES Ste-OPPORTUNE (des).

16. Petit, bonneterie, laines, coton, etc., fabricant à Harbonnière et Marcel-Cuve (Somme), spécialité de chaussons de Strasbourg et de Bauce.

22. Soyez, achats et ventes par commission, calicots, croisés cretonnes et tissus de coton écrus et blancs d'Alsace.
28. Milleschamps et Ce, draperie.

LOMBARDS (des).

1. Longuet aîné et Masse, papeterie.
7. André aîné, denrées coloniales.

L'OSEILLE (de).

7. Glatron, frères, passementerie et art. de Paris.

LOUIS-LE-GRAND.

10. Rutter (Ed.), vins et art. de Paris.
30. Cartier fils, plumes, fleurs, perles, art. de modes et nouveautés, breveté de S. A. R. madame la princesse de Joinville.
35. Lassalle et Ce, art. de Paris.

LUNE (de la).

37. Gries, art. de Paris.

MAIL (du).

1. Guybert (A.), mérinos.
3. Thibault, chapeaux de paille.
5. Ratier (Gve), art. de Paris.
11. Ducellier frères, soieries en gros.
29. Champion (Th.), papier en gros.
29. Lecomte (A.), foulards.

MANDAR.

4. Paillard (E. et A.) frères, art. de Paris, horlogerie.
14. Arnoux (F.), draperie et nouveautés.

MARAIS-DU-TEMPLE (des).

5 bis. Meyer (Edouard), art. de Paris.
13. Larrouy et Baillieux, art. divers.
20 bis. Wateau, porcelaines, art. de Paris.
25. Soulé-Limendoux (C.), art. de Paris.

29. Royer (J.), commission en tous genres, art. d'exportation ; dépôt d'essences de rose et geranium ; achat à commission de tous les art. du Levant.

29 bis. Enoch (S.) et Ce, art. de Paris.

44. Salmon, papeterie.

49. Renaldy, bijouterie et art. de Paris.

74. Arnault aîné, fab. considérable de tissus de bretelles et bretelles confectionnées, filature de caout-chouc, spécialité pour l'exportation ; maison à Rouen.

MARCHE (de la).

12. Leseure, Collin et comp., mercerie et art. de Paris.

MARTEL.

8. Bernier (Ch.), laines.

10. Ricou et Gerdret, art. divers.

16. Badin (A.), laines.

MARTYRS (des).

21. Falanga (A.), art. divers.

MATHURINS ST-JACQUES (des).

18. Pesron, papeterie.

MAUCONSEIL.

12. Marguerite, art. de Paris.

12. Collombel, éponges.

14. Chatelain (L.), agent et dépositaire de fabriques françaises pour les articles de l'Aigle, Somme-Dieu, St-Chamond, Quevauvillers, Lille, St-Etienne, Rugles, Metz, etc., etc.

17. Corneillan, frères, cuirs.

18. Desbordes (J.), fils, ganterie, commission en peausserie.

18. Letailleur (N.), seul propriétaire de la

manufacture de plumes d'acier, fabrique de boutons, dépôt d'aiguilles anglaises.

18. Noirot et Badois, carrières et métaux.
18. Pissin (E.), éponges.
20. Bigarel aîné, art. de Paris.
21. Blanc (Mathieu), cuirs.
22. Jouanneaux et Gillet, quincaillerie.
25. Lemoine (F.), commiss. en cuirs.
27. Rochat et Jodot, commiss. en cuirs.
31. Andrillas et Angelar, cuirs.
30 et 32. Allain Niquet (J.), cuirs.

MAUVAISES-PAROLES (des).

9. Tregent et Bougrand, ganterie, bonneterie pour l'exportation.
11. Grand et Poulet, draperie de Sedan.
14. Blanchet, ganterie et bonneterie.
17. Lanavit (A.), draperie.
18. Abbadie et Ce, draperie.
18. Viguier fils, toiles et linge de table ouvré et damassé en fil, des fab. françaises et étrangères.
19. Mestier-Jouanne et Ce, draperie.
20. Dastis et fils, draperie.
21. Outin, nouveautés.

MAZAGRAN.

3. Grosholz (Ph.), art. divers pour la Russie et les Etats-Unis.
6. Hestrès aîné et Ce, art. de Paris.
9. Bertrand (A.), art. de Paris.
9. Laîné (Napoléon), art. divers.
10 bis. Ractivand (G.), produits du Levant.

MERCIER.

8. Petit, Dubois, Berloquin et Ce, grains, farines, graines de trèfle et luzerne,

fruits secs: maison à Chatellerault
(Vienne).
MESLAY.
3. Chabrol, bijouterie.
8. Meissonnier (Charles), produits chimiques, tintures et art. divers.
24. Ponti frères, art. de Paris.
24. Petit (J.), art. de Paris.
25. Valery, commissionnaire en marchandises diverses.
26. Levallois (H.), pendules.
26. Cailteaux, bijouterie.
27. Brault (Ch.), bronze.
30. Fauconnier, art. de Paris.
30. Lafarge, art. de Paris.
35. Pasquier (Emile), meubles.
37. Davril jeune et comp., chapeaux de
paille et fleurs.
37. Marguerat (J.), bijouterie et pendules.
40. Magniole et Begule, art. de Paris.
41. Lepeuple, art. de sellerie.
42. Croizat (J.-M.), art. de Paris.
46. Lebas, art. de sellerie, achats.
65. Silvestre et comp., soies.
MICHEL-LECOMTE.
18. Mesnier fils et Chatelin, bijouterie et
art. de Paris.
21. Maillet père et fils, art. de Paris.
23. Thibault (Ch.), fournitures de bureaux.
24. Guillaume, serrurerie et art. de Paris.
24. Laborne, bijouterie et art. de Paris.
27. Tremblay, papeterie.
32. Sannejean et Bazaille, négociants en pelleterie, matière première pour la chapellerie.
MOLAY.
3. Lamm, bronze et glaces.

4. **Thomet (H.)**, nécessaires, miroiterie, art. de Picardie de sa fabrique.

MONDÉTOUR.

35. **Convert et Berton**, dépôt spécial de peignes et tabletterie en tous genres, des fabriques de St-Claude et d'Oyonnax, pour la France et l'exportation.

MONDOVI.

2. **Marc-Leod (John)**, art. de Paris.

MONTHOLON.

24. **Arnstein (Henri)**, art. de Paris; exportation pour la Russie.

24. **Bastian (F.)**, exportation pour la Russie et l'Allemagne; dépôt d'allumettes chimiques, cylindriques et inexplosibles.

MONTMARTRE.

15. **Paillard**, farines.

39. **Sauvan (A.)**, huiles.

73. **Carlier (A.)**, mousseline de laine.

95. **Person**, broderie et nouveautés.

119. **Saglier (V.)**, art. divers p. l'Angleterre.

124. **Jacquemoud (F.) et Auzou (L.)**, consignataires de châles, cravates, soieries, nouveautés, velours unis et façonnés de Lyon et de Nîmes.

130. **Fontaine (E.)**, représentant de fabriques de St-Etienne et de Suisse.

139. **Michelin**, rubans de velours.

148. **Guibert (J.)**, art. divers.

165. **Eggena-Boyron et Cᵉ**, nouveautés, art. de Paris pour la France et l'exportation.

169. **Daudré (F.-Ch.)**, art. pour l'exportation.

MONTMORENCY.

1. **Cornilleau (Ernest)**, art. de Paris et mercerie à commission.

3. Dalsace (S.), brosserie.
6. Milchell's, dépôt de la fabrique de plumes d'acier à Birmingham ; porte-plumes et plumes s'adaptant d'elles-mêmes.

PATENT L. CUZIN, fournitures de bureaux, art. de Paris.

7. Marc Weinschenk, glaces, miroirs, art. divers.
10. Gaymard et Gérault, fournitures de bureaux.
14. Rognon (Ctin.), quincaillerie et art. de Paris.

MOUTON (du).

5. Larenaudière (F.), fournitures de bureaux.

MULHOUSE (de).

7. Gilles, tissus de Saint-Quentin.
9. Dufreisne et Montholon, laines filées.
13. Albert, art. de Paris.
13. Leroy et fils, draperie, satins et nouveautés pour l'exportation de leurs manufactures de Sedan.

NEUVE-BOURG-L'ABBÉ.

4. Augu (Alex.), dépôt d'art. d'Allemagne, pipes, tabatières, ambre, perles et pierreries.
8. Tilemann (B. G.), mercerie.
10. Sancy (H.) et Cᵉ, art. de Paris.
10. Leauté frères, mercerie.
11. David (Ernest) et Cᵉ, pipes.

NEUVE DE LA FIDÉLITÉ.

8. Huberty, laines.

NEUVE DES PETITS-CHAMPS.

6. Lannier (Vve), broderie et lingerie.

9.

41. D'Esebeck, ganterie, parfumerie.
NEUVE-MÉNILMONTANT.
2. Buhot, Bouland et Cᵉ, art. de Paris pour New-York.
17. Hayet aîné et frères, art. de Paris.
NEUVE-SAINT-AUGUSTIN.
3. Howel et Salles, art. de Paris.
8. Bacot (Paul), père et fils, draperie, exp.
10. Kirk et Hogard, art. de Paris.
18. Bougleux (A.) et Cᵉ, art. de Paris.
NEUVE-SAINT-EUSTACHE.
7. Decle, aîné et Cᵉ, mousseline-laine.
15. Rave (Hte) et Cᵉ, papeterie et art. Paris.
17. Bouyer, soieries et art. de Paris.
21. Lignère (J.), châles, nouveautés.
26. Dupont, Aubé et Cᵉ, tissus de laine, nouveautés.
30. Crombac jeune, nouveautés.
31. Pitard (Ate) et Massacry (Edouard), étoffes satinées, nouveautés.
32. Duverger (A.) et Ballehache, nouveautés.
32. Lonclas, nouveautés.
36. Dumas (F.) laines filées.
36. Laurrent (E.) et Cᵉ, châles, nouveautés.
36. Desjardins, bijouterie, orfévrerie.
39. Jobert aîné, représentant des fabriques.
40. Floquet, tissus de laine.
44. Ladent, frères, nouveautés.
45. Jartoux (A.), art. de Paris.
NEUVE-SAINT-FRANÇOIS.
5. Potonié (D.) et Cᵉ, art. de Paris, exportation pour la Chine.
6. Sallerin, taillanderie.
12. Meunier (Louis), art. de Paris.
12. Berger, peausserie.

NEUVE-SAINT-GILLES.

8. Marchand (A.), meubles, siéges, passementerie et glaces; spécialité pour les
tapissiers, et marchand de meubles,
près le boulevard Beaumarchais et la
place de la Bastille.

NEUVE-SAINT-MARTIN.

7. Le Ber (Théodore), bijouterie.
12. Foucault, art. de Paris.
12. Druenne, art. de Paris.
12. Valedi (J. B.), art. de Paris.
27. Dettelbacher, art. de Paris.

NEUVE-SAINT-MÉRY.

11. Prontaut, épicerie.
21. Etienne (Adrien), denrées et produits
du Midi.
27. Mondan jeune, pipes et tabatières.
30. Lemoine et Ricard, denrées coloniales.
41. Lavelle (Alfred), commission, consignation, salaisons, couleurs et vernis.
41. Aubry (E.), épicerie et consignation.

NEUVE-SAINT-NICOLAS.

12. Blanquet (F. X.), commissionnaire en
marchandises pour l'étranger, principalement pour l'Espagne.
14 bis. Weiss-Madol et Ce, art. de Paris.
20. Reynaud (L.) et Ce, art. divers.
22 bis. Ferron et Balen, commissionnaires en
marchandises; maison à Bogota (Nouvelle-Grenade).
24. Cabrié jeune, art. divers.
24. Colvill et Fleming, art. de Paris.
28 bis. Lesperut (P.) fils aîné et Rodriguès,
art. de Paris.
30. Molteni et Ce, instruments de mathématique et de marine.

32. Hackenbroch, nég. commissionnaire en
art. de Paris et nouveautés.
32. Lefèvre (Alph.) et Chevalier, ameublement.

NEUVE-SAINT-PAUL.

8. Pechard jeune, quincaillerie.
10. Havé, quincaillerie.

NOTRE-DAME DE NAZARETH.

8. Feugas jeune, art. de Paris.
8. Desmarais, frères, art. de Paris, Bresil
et Portugal, maison à Rio-Janeiro.
9. Baron-Vassel et Ce, quincaillerie et art.
de Paris.
9. Boyer (E.), art. de Paris.
10. Jaillet et Cassaigne, art. de Paris.
12. Beuscher, art. de Paris.
26. Costard, bijouterie.

NOTRE-DAME-DES-VICTOIRES.

14. Lefèvre, blondes et dentelles.
23. Boué, nouveautés.
40. Barbey (Théodore), négociant et consignataire de navires; maison au Havre :
transit et commission, sous la raison :
Théodore Barbey.

ORLÉANS (d') (Marais).

5. Texier (L.) et Camus, bronze et pendules.
5. Dumas (Barthélemy), art. de Paris, maison à Constantinople.
5. Advenel et Simon, meubles.
6. Seyer (A.), quincaillerie.
7. Bédassier père et fils et Barbe, droguerie.
7. Lacroix, bijouterie.
9. Lemaréchal (B.), huiles et savon.

PAIX (de la).

15. Pussey (Ch.), soieries et rubans, achat
    et vente.

PARADIS (Marais).

4 bis. Hemon, denrées coloniales.
8. Fargue aîné et comp., bijouterie et art.
    de Paris; maison à Bordeaux, rue
    Porte-Dijeaux, 8.
8. Daclin, épicerie.
9. Cary, alcools.
10. Bonvard, chapellerie.
12. Leroy (H.), esprits et huiles.

PARADIS-POISSONNIÈRE.

7. Moulin (Louis), laines.
12. Guérin de Foncin, art. de Paris.
32. Bricka, laines,
32. Fourquet (B.), art. de Paris.
37. Vernhes (A.), art. de Paris.
44. Legrand (Em.), art. de Paris.
48. Mayor (J.), représentant de fabriques
    suisses, vins de Bordeaux en cercles et
    en bouteilles, caves à l'entrepôt géné-
    ral des vins.
50. Patto (Henri), exp. pour l'Amérique.

PASSAGE DU SAUMON.

50. Préville, ganterie et nouveautés.

PASSAGE SAINTE-AVOYE.

4. Dreffus aîné et comp., fournitures de
   chapellerie.

PASSAGE SAULNIER.

4 bis. Delage, harnacherie.
4 bis. Rodier (L.), aluns, couperoses et den-
    rées coloniales.
6. Risler Heilmann, machines pour filature, tissage et impressions, dépôt des

objectifs de Voigtlaender et fils de Vienne.

7. Langlois (A.), agent de fabriques françaises et étrangères pour le commerce de transit et d'exportation, représentant plus spécialement les fabriques de *Roubaix*, Lille et Turcoing.

11. Didier, Colombier et Ce, art. de Paris.

16. Rheinart et Ce, nouveautés.

PASSAGE VIOLET.

3. Sisley (W.) et Ce, art. de Paris.

4. Daireaux (F.) et Ce, art. de Paris.

8. Thirion, art. de Paris.

PASTOURELLE.

5. Budin aîné et comp., quincaillerie.

12. Dumont, art. de Paris, jouets.

PAVÉE (Marais).

1. Mantin (P.) et Luzarche jeune, bronze et pendules.

3. Huiart, Corpel frères et comp., bijouterie.

24. Aubert et comp., art. de Paris.

24. Jahan (C.), denrées coloniales.

PERCHE (du) (Marais).

7. Lemoine, art. de Paris.

16. Gentilhomme jeune, bijouterie.

PERLE (de la).

12. Maune, quincaillerie.

12. Passot, art. de Paris.

PETIT-CARREAU (du).

5. Bollard aîné, toiles, laines, crins et plumes.

7 et 13. Bonnevie jeune, tissus de laine.

30. Bassoulet (J.), art. divers.

PETITS-CHAMPS-SAINT-MARTIN.

15. Faucheux, jouets et art. de Paris.

PETITES-ÉCURIES (des).

8. Bongrand et Jacquet, commissionnaires en tous genres, vente de brevets.

A Londres, 11, queen street Cheap-side.

8. De Saint-André (E.), draperie.

8. Boisgaultier, frères (H.) et Cᵉ, art. de Paris.

13. Menet, papiers de toutes couleurs, registre et enveloppe, exportation.

13. Calon, tissus de laine.

13. Roger, Gandry, Detchemendy et Cᵉ, laines françaises et étrangères.

15. Caron-Langlois fils, tissus de laines.

19 bis. Chartier fils jeune, laines.

21. Arlot aîné, laines.

23. Valin (L.), laines.

24 bis. Pahschk (J.) et Cᵉ, bronze en poudre, or faux, battu, outre-mer, houblons et art. d'Angleterre, couleurs en divers genres, commiss. en général.

Et à Londres, 4, John street Crutched friars.

38. Flaxland (Edouard), art. divers.

39 bis. Adour (J. P.) et Cᵉ, achats à la commission pour les Amériques du sud et pour leur maison, à Fernambouc.

44. Lars-Jacobsen, art. de Paris.

47. Bing, frère et Cᵉ, porcelaines.

47. Duceux-Daboval et Roche, art. divers d'exportation.

51. Gerson, frères et Cᵉ, art. de Paris.

PETIT-LION-SAINT-SAUVEUR (du).

13. Martin (J.) et Magonty, étoffes et nouveautés pour chaussures.

13. Brière (J.), art. de Paris.
13. Durand-Journet (A.), cuirs.
17. Denizart (Ch.), art. de Paris.
19. Voyant, fournitures de tailleur et boutons.

PETIT-THOUARS (du).

19. Pille jeune, quincaillerie.

PHELIPPEAUX.

15. Riecke et fils, dépôt de quincaillerie de
leurs fabriques à Remscheid (Prusse);
quincaillerie française et art. de Paris.
(Art. pour les colonies.)

PIGALE.

19. Helie (S. N.), art. divers.

PLACE DAUPHINE.

24. Capel, horlogerie.
29. Hy, draperie, soieries et nouveautés.

PLACE DE LA BOURSE.

4. Weiss (J. L.), art. divers d'exportation.
31. Susse, art. divers, objets d'art.

PLACE DES VICTOIRES.

1. De Saint-Martin et Roux, tissus, cache-
mirés et nouveautés.
2. Robin, soieries et draperies.
3. Londe et Brandao, soieries en gros.
5. Tavernier (Ch.) et comp., soieries et
nouveautés.
6. Wacrenier (H.), étoffes.
7. Lebaron et comp., soieries et nouveautés.
9. Poncet, mérinos, cravates et châles.

PLACE DU CAIRE.

2. Lemaire (A.), successeur de Labey frères, fab. d'ornements d'ameublement,

de toiles cirées, commis. en quincaillerie et art. de Paris.

PLACE ROYALE.

9. Dageon, quincaillerie.
18. Bachelet (J.), meubles.

PLATRE-SAINT-JACQUES.

11. Louis (A.) et comp., papiers de couleurs
et tous articles pour la reliure.

POISSONNIÈRE.

20. Bouffard-Bimont, blondes et dentelles,
art. de Paris.

POITOU (de).

24. Lipman, art. de Paris et d'Allemagne.
29. Douchain, art. de Paris.

PONT-AUX-CHOUX.

17. Lorant, carrosserie.

PORTEFOIN.

4. Navrancourt, art. de Paris.
6. Bing jeune et comp., commiss. en articles de Paris, spécialités d'horlogerie.
9. Deraismes (H.) et Dumoulin, art. de
Paris.
11. Dufour, art. de Paris.
12. Schloos, quincaillerie.
13. Guillemard jeune, bijouterie.
15. Becker et Grousselle, art. de Paris.
15. Hurillon et Raulin, art. de Paris.
17. Ané fils, art. de Paris.
19. Somigliana, art. de Paris.

POTERIE DES ARCIS.

5. Fleuriet P. et A. Delattre, produits chimiques.
7. Potier et Allemand, huiles.

PUITS-BLANCS-MANTEAUX.

6. Poirat et Badié, produits chimiques.

PUITS (Marais).

5. Delarue, parfumerie.

QUAI DES AUGUSTINS.

21. Magen (Vor.), librairie.
47. Boichard, papiers en gros.
55. Nouette-Delorme, papiers.

QUAI JEMMAPES.

110. Cruet (A.) et Lundquist, art. de Paris.
154. Cuvellier (C.), art. divers.

QUATRE-FILS (des).

4. Dhertmanni, art. de Paris.
9. Jeanti aîné, grains.
10. Pottier et Hauchard, droguerie.
20. Cappe (Victor), droguerie.

QUINCAMPOIX.

1. Poisson, épicerie et commission.
11. Herman (Constant), essences pour parfumerie.
18. Monchicourt frères, quincaillerie.
19. Blazi et Tournier, quincaillerie française
et étrangère, ferronnerie de toute espèce, commiss., export. en gros.
30. Bégason aîné, quincaillerie et commiss.
48. Cavillon, pharmacie.

RAMBUTEAU.

2. Grangé (Gve), bijouterie.
4. Villette-Degardin, chapellerie.
17. Dell'Oro, art. de Paris.
20. Lasne aîné, denrées coloniales.
24. Chammartin (E.), fournitures de bureau.
28. Tardif (Gustave et Anatole), denrées coloniales.
30. Dubus (L.), fournitures de bureau.
43. Pottier (A.), casquettes, chapellerie.

46. Manchon, huiles, art. du Havre.
62. Cauchy, art. divers, mercerie.
64. Hervy, manufacture générale de boutons d'os à quatre et à cinq trous en chapelets, sur cartes et en boîtes (machines à vapeur, 19, rue des Amandiers-Popincourt).

RENARD-SAINT-SAUVEUR (du).
7. Saulnier et Bertrand, chaussures.
8. Brunel (Pre), quincaillerie.
11. Flotard (Jean), peausserie.

RICHELIEU.
67. Testelin (E.), librairie.
76. Clouet-Viollet et C°, étoffes et rubans de soie.
80. Geffrier et comp., cachemires des Indes et de France.
84. Brousse (J.-B.), crêpes de Chine et châles de l'Inde.
92. Bury (C.), bijouterie, joaillerie.
104. Renouard (H.), étoffes pour meubles.

RICHER.
27 bis. Descombes, art. divers.

ROI DORÉ.
8. Lanterbach, art. de Paris.

ROQUETTE (de la).
14. Nante, bronze.

ROYALE-SAINT-ANTOINE.
16. Môre, quincaillerie.

ROYALE SAINT-MARTIN.
2. Pouille, art. de Paris et fab. de lampes.

SAINT-ANASTASE (Marais).
7. Lamare-Gautier, sellerie.
11. Taveau et Duplan, successeurs de Ta-

veau frères, pendules, candelabres, lustres, lampes, bronze d'art, porcelaines, cristaux, quincaillerie et art. de Paris en général.

SAINT-ANDRÉ DES ARTS.

30. Davy-Malmenade, papeterie.
41. Zoutman (L.), papeterie.
51. Labbé (L.), libraire.

SAINT-ANTOINE.

51. Asselineau (J.), droguerie.
59. Mulatier Robert, encre en poudre soluble et produits chimiques.
81. Joubert jeune, quincaillerie.
132. Wachi (Paul), art. de Paris en tous genres, parfumerie, laines et soie à broder.
159. Bonneau (A.), meubles.

SAINT-DENIS.

24. Grancourt, art. divers.
65. Mauger jeune, épicerie.
74. Ledoux et Gallet, épicerie.
80. Bacon et Angot, mercerie.
94. Duval fils, brosserie.
96. Sauvignet fils, art. de Lyon et St-Etienne.
98. Laillier, mercerie.
101. Mongrolle (A.), rubans et soie.
102. Bouyonnet, mercerie.
106. Poiret, laines et cotons.
115. Guillet et Ce, rubans.
116. Broullet, jouets d'enfants.
117. Souchier (P.), mercerie.
118. Brailley et Ce, laines et coton filés.
123. Bapaume (A.), mercerie, rubans.
124. Fabre (Ch.), succ. de la maison Hibert, soies teintes et écrues.
132. Grellou (A.), mercerie.
134. Davoust aîné, mercerie.

136. Chenieux et Daliveau, mercerie.
138. Creuse, frères, mercerie et soierie.
140. Grout, merceries, soieries.
142. Bizet, quincaillerie.
144. Vallet et Ce, mercerie.
148. Daniel et Ce, tresse et chaussons.
148. Vibert, mercerie et rubans.
149. Duclos (A.), mercerie.
151. Carton jeune, mercerie.
151. Levasseur (Mme), broderies.
166. Deharambure, art. de Paris.
171. Grelou, mercerie, rubans de soie.
172. Dobelin (Ch.), mercerie et rubans.
176. Formager, passementerie,
178. Peccatte (Ch.), mercerie.
186. Goffard (E.), laines et coton.
186. Soupplet, fils aîné, mercerie et soieries.
191. Germinet (F.), coutellerie.
206. Leplat, art. de sainteté.
208. Ribot (A.), art. de Paris.
210. Coville (T.), mercerie.
213. Varnier (A.), quincaillerie.
217. Cuthbert fils et Andeval, art. de bureau.
227. Delphieu, jouets d'enfants.
229. Piault jeune, coutellerie.
258. Saivres, peaux et gants.
266. Hesse fils, boutons,
266. Perinet et Labbé, mercerie.
277. Pucey aîné, tabletterie et quincaillerie.
293. Piault (Armand), fils aîné, coutellerie.
303. Leveau, laitons, art. de Paris.
306. Lautelet, modes et fleurs.
309. Charles (J.) et Douchement, vins.
314. Darras, quincaillerie.
319. Mermilliod, frères, coutellerie en gros ;
instruments de chirurgie et trousses de
voyage pour l'exportation.
367. Corpet, coton filés.

374. Gaultier (Gustave), cordes harmoniques et art. de Paris.
374. Poirot (D.), orgues et instruments.

SAINTE-APPOLINE.

7. Amourous (J.), art. de Paris.
9. Archinard-Bovy (L.), art. de Paris.
9. Wahl, art. de Paris.
13. Cornet et Sabot, quincaillerie,
13. Philippe-Schloss, se charge de l'achat par commission de tous les art. de Paris et autres fabriques françaises.
14. Hunziker, frères, négociants commissionnaires en art. de Paris, et boulevard Saint-Denis, 11.
15. Richter et Hagdorn, art. de Paris.
23. Villemas (H.), art. de Paris.

SAINTE-AVOYE.

8. David et Senturel, produits chimiques.
23. Ducas (Elie), horlogerie.
23. Jeanti jeune et Pajot, denrées coloniales.
30. Guichard et Moccand, fournitures de chapellerie, confection de casquettes.
34. Ricard (V.), fournitures de chapellerie, chapeaux de paille de toutes espèces; casquettes, coiffures de fantaisie en paille et en feutre pour hommes et enfants.
39. Mauhîn (Charles), succr de Dobilly, soieries et fournitures de chapellerie; fab. de bandes blanches en toutes qualités par le procédé de Lyon.
57. Maurice (Ve) Sre de Cabany, ancienne et seule maison Cabany. Spécialité pour la fab. des registres perfectionnés; fab. d'étiquettes dorées, gaufrées; transparents linéonomes, papier pour presses

à copier, fournitures de bureau, tous
art. de papeterie.
57. Fahy et Camus jeune, art. de chapellerie.

SAINTE-BARBE.

3. Félix et Durand, laines.

SAINTE-CROIX DE LA BRETONNERIE.

3. Saint-Armand, droguerie.
22. Le Roux, droguerie.
25. Lejoindre, épicerie.
28. Aubert (Alex.), fab. de chocolat, caoutchouc en nature et fabriqué, droguerie
et commission.
29. Magnier, épicerie.
30. Desmonts (Ch.), salaison.
34. Henrion-Berthier (Eug.), droguerie.
38. Lobligeois, épicerie.
40. Borne, fournitures de bureaux et art.
de Paris.

SAINT-ETIENNE-BONNE-NOUVELLE.

15. Bavozet, bronze.

SAINT-FIACRE.

1. Isaac (Eg.) et Lafontaine, toiles.
1. Bernus (J. Aug.), art. d'exportation.
3. Lepelletier, toiles et dentelles.
3. Prevost (A.) fils et Cᵉ, banque et recouvrement.
3. Prevost fils et comp., laine et banque.
5. Billard, nouveautés pour l'Angleterre.
7. Parisot (Eugène), art. d'exportation.
16. Russias, art. nouveautés.
18. Trilha (Léop.), art. de Paris et nouveautés.
20. Besuchet (Ls) et Cᵉ, art. divers.

SAINT-GILLES.

18. Lefebvre (F.), art. de Paris.

SAINT-HONORÉ.

9. Masson, grosse quincaillerie, art. Paris.
40. Guimas, passementerie, nouveautés.
51. Espiritoz, passementerie.
71. Bouchot et Nève, nég. commissionnaires de tous les articles de Paris, fabricants de passementerie, fournisseurs du garde-meuble de la couronne.
129. Billet, nég. en comestibles, truffes, fruits et légumes conservés ; expédition à l'étranger.
286. Denison, art. divers pour les Etats-Unis.
323. Piquot, vins.
352. Chaillot, abonnement musical.

SAINT-JACQUES LA BOUCHERIE.

15. Drouin (J.), couleurs, produits chimiques, gélatine.

SAINT-JOSEPH.

3. Brisset (B.), art. divers.
3. Sabran (V.) et G. Jessé, tissus, laines, impression.
4. Flamant Japuis et Kastner, toiles peintes, tissus de laine pour meubles.
5. Jeannet (L.) et Joubert, tissus de laines.
10. Busquet (A.) et Cᵉ, art. divers.
10. Boucoirand (Hte) et Cᵉ, tissus de laines.
10. Bauval, articles divers.

SAINT-LOUIS AU MARAIS.

16. Auzolle jeune et Chatelain, pendules, meubles, art. divers.
16. Delmas (A.) et Gandy, quincaillerie et art. de Paris.
16. Lynen (A.), art. de Paris.
29. Bonvallet (vᵉ) et fils frères, art. de Paris.

SAINT-MAGLOIRE.

2. Morand et Trocque, art. de Paris.

SAINT-MARC.

21. Giesler et Faucille, étoffes, nouveautés.
27. Oulmann, cachemires et foulards.

SAINT-MARTIN.

32. Benier, bonneterie et chaussures.
34. Peigney (Victor), successeur, ancienne maison Santerre, quincaillerie en gros et commiss. (passage Jabach).
62. Feron aîné, coutils et toiles à matelas.
87. Bousson, art. divers.
88. Letourneur - Morel, calicos et mousselines.
103. Gannivet, quincaillerie.
112. Mignon, bonneterie, chaussures.
114. Picard et Berlyn, commissionnaire en art. de Paris; maison, rue Thévenot, 23; dépôt pour le papier ciré.
147. Rosenwald aîné, art. de Paris.
151. Brière, Pelletier et Michaud, étoffes,
161. Letieuvent et Thomas, art. de St-Claude.
163. Montmartre, garniture de bureaux en émail et en bijouterie montée en argent; commission, exportation.
186. Hericourt, quincaillerie, métaux.
193. Greer, perles.
194. Chartron, quincaillerie.
221. Chevalier-Gavel, quincaillerie.
223. Collot (H.), quincaillerie, coutellerie.
249. Gagne, sellerie, harnacherie.
253. Salleron (Maxime), cartonnage.
257. Boulard, art. divers, perles.
257. Collet, fab. de mesures métriques françaises et étrangères pour tailleurs.
259. Bruyer, registres et papeterie.

SAINT-MÉRY.

27. Nicolas et comp., épicerie en gros.

SAINTONGE.

11. Duchamp et Warée, art. de Paris.
11. Eudes aîné, pipes et tableterie, commis.
    pour tout ce qui concerne les fumeurs
    et les priseurs.
11. Haillot et Degardin, art. de Paris.
11. Vazille (A.), art. de Paris.
40. Crouan, art. pour le Brésil.

SAINT-PAUL.

45. Dordogne, bijouterie.

SAINT-ROCH POISSONNIÈRE.

4. Aaron, art. de Paris.
6. Lachaume jeune, vente et achat à la
   commission ; soieries, châles, cachemires et autres mousselines-laine, indiennes, lingerie et tout ce qui a rapport à la nouveauté.
6. Marx, art. de Paris.
8. Laurens (B.), art. de nouveautés.
8. Bateman (W.), soieries et art. d'Angleterre.

SAINT-SAUVEUR.

24. Fortier fils et Cᵉ, chaussures.
24. Fraise et Patasson, nouveautés.

SAINT-SÉBASTIEN.

34. Barré sœurs, parfumerie.
50. Caulle (P.), art. d'exportation.

SAINTS-PÈRES (des).

7. Borrani (Charles), libraire, commissionnaire pour la France et l'étranger ;
   livres d'éducation et de piété, etc.
71. Bouteloup (J.-C.), vins.

SAMSON.

3. Charenton, denrées coloniales.
3. Desbordes et Baudinot aîné, art. divers pour Rio-Janeiro.
3. Lucy (Ernest), bijouterie et art. de Paris.
5. Claude (H. A.), art. divers.
5. Morel (Félix), bijouterie et pendules.

SEINE-SAINT-GERMAIN (de).

14 bis. Valant, fab. enveloppes de lettres, inventeur du papier fashionable à filets et rubans. Commiss. pour papeterie de luxe et art. de Paris.

SENTIER (du).

1. Menet et Possoz, calicots.
2. Surmont, nouveautés, impressions et tissus.
3. Bugnot, étoffes, nouveautés.
3. Bernard jeune, châles.
3. Muller (F. et C.), mousselines, laines, impressions sur coton.
3. Delille, tissus.
3. Bigot, art. de Saint-Quentin.
6. Gontier, châles.
6. Penn et C⁶ (de Londres), tulles.
9. Guilbert (E.), toiles et mousselines peintes.
9. Hénocque (Achile), nouveautés.
9. Labbé (E.) et C⁶, mousseline.
11. Nau-Schlumberger et Hussenot, calicots et art. d'Alsace.
14. Hautot et P. Courthiade, calicots, percale, brillantés étoffes pour meubles.
15. Arlès-Dufour (F.), nouveautés.
15. Daigremont, toiles vernies.
16. Morisset (Edme) et C⁶, mousseline de laine.

18. Dejardin (J.) et Desèvre (A.), art. divers
    pour Haïti.
18. Batereau père et fils, meubles, damas,
    mouchoirs.
18. Johnston et Cᵉ, calicots et coton filés.
18. Romagny (Auguste) et Pion (E.), tissus
    écrus.
20 bis. Paraf, Javel-Petillot et Cᵉ, tissus, im-
    pression d'Alsace.
20 bis. Selleron (E.), Delange et Cᵉ, impres-
    sions, nouveautés et tissus.
21. Labaume, tissus de laines.
22. Cambronne frères, de St-Quentin, tissus
    de laines.
24. Cesbron, neveu et Robert (Charles), art.
    d'export., Alsace, St-Quentin, Tarare.

SIMON-LEFRANC.

8. Leduc, soieries et chapellerie.
13. Gaffré et comp., chapellerie et fourni-
    tures.
20. Boulonneix, chapellerie.
25. Bailly aîné, fabrique de casquettes, cha-
    peaux refaits, paille d'Italie et feutre,
    fantaisie pour enfants. (Exportation.)

SINGES (des).

1 bis. Blanc (Jh.), produits chimiques.

SOURDIÈRE (de la).

29. Cor (A.), sucre et café.

TEMPLE (du).

12. Desmoulins, quincaillerie.
22. Grancourt, commiss. en tous genres
    (r. St-Denis 24).
36. Ansley (Fred.), aiguilles, hameçons, fil
    à cordonniers.
40. Roulez, jouets, porcelaines de fantaisie.

57. Cornu, passementerie.
62. Hubert (P.-J.), art. de Paris.
63. Bouchet frères, art. de Paris.
63. Gallay, Borel et Boyer, art. de Paris.
69. Lecrosnier, Haus (D.) successeur, fabricant de compas et d'instruments de mathématiques, commis. en fournitures de bureaux.
94. Ramboud et Morel, bronze et art. de Paris.
101. Delarue, papeterie.
108. Liebert (Ch.), bijouterie et art. de Paris.
117. Corblet aîné, ancienne maison Warmé (F.), passementerie, meubles et nouveautés, ornements en cuivre estampé, fondu et doré; art. de Paris pour la France et l'étranger.
137 bis. D'Hiauville fils, bijouterie.
137 bis. Laroze, bijouterie.

THÉVENOT.

4. Levieux (D.), fils, art. de Paris.
5. Weil (L.), soieries et nouveautés.
5. Bisson, fil de lin et teinture.
6. Gilbert, frères, dentelles.
8. Belingard jeune (Isidore), art. de Paris.
8. Bauche (Léon), soierie.
15. Lasalle-Rey et Cᵉ, à Rio-Janeiro.
15 bis. Olivier-Bouloy, broderie et nouveautés.
15 bis. Almosnino (M.), art. divers.
15 bis. Duchemin-Ducasse et C°, art. de Paris,
24. Frainnet (Hy), soieries et draps pour voitures.
24. Allamand et Hersent, art. de Paris.
24. Gonnet, frères et Cᵉ, peaux et gants.

10.

THIBAUTODÉ.

7 et 9. Barbier-Boucher, toiles d'emballages et à sacs en tous genres, toiles à coller d'Abbeville, le Mans et Armantière ; fait la commission pour tous les divers genres de toiles.

10. Martin (Maurice) et Balsan. Draperie.

14. Beaupillier fils, commission pour la vente et l'achat de toutes draperies et étoffes de laines, couvertures en laines et cotons de diverses fabriques ; fait la fourniture pour les hospices, bureaux de bienfaisance et prisons.

20. Brassac, étoffes, nouveautés.

THORIGNY.

8. Frequant (E.) et Ch. Petitpont, meubles et siéges.

TIQUETONNE.

12. Feliker, jouets.

14. Prudhomme (A.), étoffes, art. de Paris.

14. Dupont, propriétaire, possesseur unique de l'élixir tonique antiglaireux du docteur Guillié, seul véritable.

18. Dureau (A.), art. de Paris.

TIXERANDERIE (de la).

13. Loupot, quincaillerie.

25. Duvrac, vins et liqueurs.

49. Capon et Trebutien, droguerie.

TOURNELLES (des).

52. Arroux, quincaillerie, art. de Paris.

TOUR (de la), Faubourg du Temple.

8. Sandemoy aîné et l'Abbé, art. de Paris.

TRAINÉE.

17. Halphen (A.), bijouterie.

TRÉVISE (de).

5. Weysberg, art. d'Allemagne.
6. Nau frères, sellerie pour l'exportation.
6 bis. Jaurès-Armingaud et Cᵉ, laines.
9. Fay (J.) et Cᵉ, art. divers.
11. Mayer–Schenerp (L.), laines.
11. Correia (J. L.). Art. de Paris.
11. Klug (Ch.) et Emson. Lainage.
19. Valibouze et Cᵉ, art. divers d'exportation.
19. Tassy. Vins.

TROIS-PAVILLONS (Marais).

3. Jossier, quincaillerie et art. de Paris.
18. Chatel jeune, art. de Paris, lampes, bronzes, pendules, compositions, objets d'art et porcelaines.

VALOIS (de) (Palais-Royal).

8. Carez (L.) et Vacossin, art. divers, exportation.

VAL SAINTE-CATHERINE.

19. Liegard frères, carrosserie.

VANNES.

6. Morize et Vatard, bijouterie, joaillerie.

VENDOME.

8. Dolhassarry jeune et comp., bijouterie.
9. Brunnarius (C.-R.), art. de Paris.
9. Baschet-Baullier et frères, pendules et horlogerie en tous genres, et lampes mécaniques, dites Carcel.
9. Lucquin et Clara, art. de Paris.
9. Leube et Hovyn, art. de Paris.
9. Delaroche (F.) et Cᵉ, art. de Paris, entrepôt d'éter sulfurique.
10. Guyerdet jeune, bronze.
10. Alazard (Paul), bijouterie.
11 ter. Bodoy et Couttenier, chapellerie.

12. Camus (Ch.), produits chimiques.
13. Roujon, art. de Paris.
14. Souviel et Caron, art. divers.
25. Oppeinheimer, art. de Paris.

VERDELET.

8. Romiguière aîné, rubans.

VERRERIE (de la).

4. Haville, droguerie.
16. Soupault fils et Garnier, épicerie.
36. Quillé et Bernier, denrées coloniales.
48. Ruaux et Tallon, fruits secs.
52. Ibry, huiles.
54. Duchemin et (Fr.) Pinta, épicerie.
55. Souillard (X.) et X. Leduc, sucre.
60. Matty, Dutemple et comp., huiles.
60. Frager (Alph.), épicerie.
83. Debonnelle, cire, miel, mélasse et sirop.

VERTBOIS (du).

15. Terquem, huiles et vinaigres.

VIARME (de) (Halle au blé).

14. Lecomte, commiss. en grains, graines et issues.

VICTOIRE (de la).

4. Lane Lamson et comp., art. divers d'exportation.
6. Saisset (P.), art. divers pour Rio-Janeiro.
6. Rodel et comp., art. divers.
6. Theissen et Durr, chapellerie, art. de Paris.
36. Fuzerot, vins.

VIEILLE DU TEMPLE.

5. Gauthier jeune, huiles.
5. Madlaine (Edouard), droguerie.

7. Badeuil, matière première pour la chapellerie.
13. Samuel aîné, produits chimiques, seul
inventeur du bleu de France en tablettes et pastilles, pour azurer le linge
et tous les tissus en général, garanti à
l'air et au soleil.
27. Mussey, art. de bureaux.
30. Rabutaux, denrées coloniales.
32. Conrad et Waldmann, droguerie.
32. Delayen (E.), droguerie.
34. Dhamelincourt (C.), huiles.
34. Vion aîné, denrées coloniales.
75. Panier et Paillard, art. de Paris et de
bureaux.
78. Demont-Rond, chapellerie.
123. Delachaussé (C.), art. de Paris.
124. Bouge (Th.), art. d'exportation.
126. Faucon (A.) et comp., art. de Paris.
126. Dogier et Passemard, meubles et siéges.

VIEILLES ÉTUVES SAINT-MARTIN.

4. Crépelle, manuf. de boutons d'uniforme
et de fantaisie p. la France et l'étranger, notamment boutons militaires pour
l'Amérique du Sud.

VIEILLES (des) HAUDRIETTES.

3. Duvigneaud et comp., fournitures de
bureaux.
3. Levillain frères (G. et E.), art. de Paris,
mercerie, quincaillerie.
4. Lamy, bijouterie.
4. Maurin (Adrien), commiss. en fournitures de bureaux, fab. de pains et cire
à cacheter, encres, fab. de registres.
4. Lonjon (Félix), art. de Paris.
8. Marteau (E.) et Dalmas, bijouterie.

VIEILLE-MONNAIE (de la).

11. Gandin (Ch.) et Orengo, daguerréotype.
22. Couriot, Gallet et Lefebvre, art. de Paris.
26. Hache, savon, soude, potasse.

VIEUX-AUGUSTINS (des).

10. Rochot fils (A.), horlogerie, bronze.
11. Estelle (J. J.), sellerie et passementerie.
27. Gonnot, art. divers.
37. Chéron, draperie, nouveauté.
40. Boursier, horlogerie.
40. Mathorel. art. divers.
40. Dietze, art. divers.

VIVIENNE.

2 bis. Desjardiens et Megret, soieries et rubans en gros.
4. Neuburger (A.) et Cᵉ. Bronze et horlogerie.
10. Beglet et Cᵉ, draperie.
10. Pellerin, fab. breveté de mélophones, et orgues expressives ; commiss. pour les objets relatifs aux instruments et à la musique.
12. Borely (Vᵉ) aîné et Megessier, joaillerie, bijouterie, orfévrerie.
12. Rollin, rubans, soierie.
16. Hamard et Guerin, étoffes de soie et nouveautés.
35. Duval, soierie et rubans.

VRILLIÈRE (de la).

8. Letrait, étoffes de soie.

FIN.

TABLE.

FIN DE LA TABLE.

Imprimerie Dondey-Dupré, rue Saint-Louis, 46.